Los Ángeles
a Través
de la Biblia

Luz Stella Rozo

Ediciones Giluz
Distribuidora Gilavil, C.A.

Los Ángeles a Través de la Biblia

Segunda Edición, primera impresión.
Noviembre de 1999: 1000 ejemplares.
Total ejemplares publicados: 5.000
Derechos exclusivos conforme a la ley
reservados para todo el mundo:
Copyright © 1999 Luz Estela Rozo
Copyright © 1999 Ediciones Giluz

Editado por EDICIONES GILUZ
ISBN: 980-369-016-7

DISTRIBUIDORA GILAVIL, C.A.
Apartado Postal 51.467
Caracas 1050, Venezuela
Teléf: (+582) 762-49-85 ~ Teléf./Fax: (+582) 762-39-48

Portada: Detalle de *La Adoración de la Virgen*, por Perugino, Siglo XV
Diagramación texto y portada: Diego Gil Velutini

Impreso en Venezuela
Printed in Venezuela

Los Ángeles a Través de la Biblia

Luz Stella Rozo

Ediciones Giluz
Distribuidora Gilavil, C.A.

A Dios Nadie
Lo ha Visto
Jamás

(Juan I: 18).

Dedicatoria

A mi papá Rafael Rozo Amaya, quien despertó en mí el interés por la lectura, la metafísica y todo lo bello que tiene la vida.

A mi mamá Lucrecia Gálvez Cruz de Rozo. Mi primera maestra. Me enseñó a leer y a escribir. Me enseñó a orar, a amar a Dios y a los Ángeles.

Ambos, a través del gran amor que se tuvieron, nos dieron a sus hijos seguridad, amor y felicidad.

Gracias.

Los Ángeles a Través de la Biblia

Luz Stella Rozo

La Presencia Divina

Aunque la Biblia narra (aparentes) encuentros de personajes bíblicos con Dios, el evangelista Juan en el primer capítulo del libro escrito por el «discípulo amado», dice categóricamente: «*Nadie ha visto a Dios*». Esta es una de las verdades más lógicas de todos los libros que componen la Biblia.

Efectivamente, aunque en algunos textos bíblicos del Antiguo Testamento se mencionen encuentros con la presencia de Dios, está demostrado que en realidad, han sido producto de error de comprensión, o mala traducción. Como dijo el mismo Dios: «*Te mostraré mi espalda; porque si me vieras, morirías en el acto*». La interpretación de este pasaje, no es una falta de amor de nuestro amado Padre Celestial, sino más bien, producto del cuidado que tiene por sus criaturas mortales. La esencia de Dios, la presencia de Dios, la irradiación de Dios y su naturaleza, es tan potente, tan poderosa, tan luminiscente, irradiante, enceguecedora, de tan poderosa energía, que nuestra naturaleza humana no está en capacidad de soportar su vista, o cercanía, ni mucho menos su presencia en todo su esplendor.

Hace un par de años vi por televisión, la explosión hecha como ensayo por la entonces Unión Soviética de una bomba atómica en 1948. Mandaron a desocupar cientos y cientos de kilómetros a la redonda. Sin embargo, algunos de los científicos quienes debidamente protegidos presenciaron el fenómeno (a prudencial distancia) manifestaron y así lo captaron las filmadoras: fue como una onda que a su paso iba quemando sin fuego todo lo que encontraba.

Los árboles quedaban sin hojas, las aves perdían sus plumas, el ganado su pelo, se asfixiaban y todos morían. Vi en la película este hecho propio del Apocalipsis y pensé que las fuerzas de esta gran energía atómica y su poder desbastador, podría ser un ejemplo análogo de la gran energía de Dios.

El mismo Jesús, cuando la madre de los hijos del Zebedeo, se le acerca para pedirle tenga a sus dos hijos en la vida eterna al lado del Padre, le contesta: sólo el Padre puede decidir quien ocupará esa posición. Esto quiere decir, que únicamente Dios, puede darle la capacidad, el poder y energía suficiente a un ser, para aguantar y soportar la presencia Divina.

Esta capacidad intrínseca de poder estar cerca a la presencia de Dios, se irá analizando a lo largo de este libro. En la misma narración hecha por Lucas sobre el nacimiento de Cristo refiere lo siguiente: «*Y he aquí el Ángel del Señor vino sobre ellos y la claridad de Dios los cercó de resplandor; y tuvieron gran temor. Más el Ángel les dijo: no temáis; porque he aquí os doy nuevas de gran gozo, que serán para todo el pueblo: os ha nacido hoy en la ciudad de David, un salvador: Cristo el Señor*».

El evangelio de Mateo, nos cuenta lo siguiente, en el capítulo 17: «*Tomó Jesús a Pedro, a Santiago y a Juan su hermano, los llevó aparte a un monte alto donde se transfiguró ante ellos; brilló su rostro como el sol y sus vestidos se volvieron blancos como la luz. Se les aparecieron Moisés y Elías hablando con él. Pedro le dijo a Jesús que si quería, podrían construir tres tiendas: una para Jesús, una para Moisés y otra para Elías. No había terminado sus palabras, cuando se oyó una voz descendiendo de una nube resplandeciente, diciendo: este es mi hijo amado, en quien tengo mi complacencia: escuchadle. Al oírla, los discípulos cayeron a tierra, sobrecogidos por gran temor. Jesús se acercó a ellos y les dijo: levantaos, no temáis*». Esta misma situación, es descrita en el evangelio de Marcos 9:7.

La narración de estos encuentros por demás explícitos de la gran majestuosidad del poder divino, nos dan una visión clara de que los protagonistas no sostuvieron un encuentro directo con Dios. Vislumbraron la majestad divina y tuvieron revelación del funcionamiento de la Casa de Dios.

Cuando este libro se encontraba en preparación, tuve la gran suerte: «coincidencialmente» salió publicado en el diario El Nacional de Caracas, un interesante artículo escrito por el gran rabino Pynchas Brener, destacado miembro de la comunidad internacional judía, eminente teólogo y sobre todo, un sacerdote inteligente, sin fanatismos, respetuoso de la libertad de cultos y pensamiento, quien jamás ha atacado a quienes militan en religiones que se apartaron de la suya. El artículo titulado «Antropomorfismo», entre otras cosas, dice lo siguiente:

«La Biblia contiene numerosos antropomorfismos, expresiones donde le asignan características humanas a Dios. Como una ilustración, podemos citar el texto sagrado donde afirma que Dios sacó al pueblo judío de la esclavitud egipcia *beyad jazaká* con una «mano fuerte». Pero, ¿acaso posee Dios una mano? Para Maimónides es un ejemplo de los diversos términos figurativos que la Biblia utiliza, porque Dios es un ser enteramente espiritual y no se le puede asignar ninguna atribución corporal o material. Entonces, ¿por qué insiste la Biblia en mencionar la «mano» de Dios? La repuesta ofrecida por el erudito, es que es indispensable la utilización de las cualidades humanas o fisonomía del universo para describir ciertas situaciones o características que no pueden expresarse de otra manera. No podemos trascender las limitaciones intelectuales que la naturaleza nos impone».

«Un problema fundamental de las religiones monoteístas que asumen la existencia de un solo Dios que no puede ser puesto en escena por ninguna figura o diseño, es que en realidad tampoco existen palabras o categorías que puedan representar a este Dios. Según Benno Jacob, un importante comentarista de la Biblia, *«y Dios dijo»* no es un antropomorfismo más menudo que, *«la mano de Dios»*, porque Dios no *«habla»* en el sentido usual del vocablo».

«En Los Diez Mandamientos se nos encomienda no hacer una *temuná*, un retrato de Dios, la palabra hebrea *temuná* proviene de la raíz *min* que quiere decir especie. Por lo tanto, tal vez la prohibición se refiere al hecho de que Dios no pertenece a especie alguna, porque Él es único, y todo intento de clasificarlo, de ubicarlo dentro de alguna clase, sería un desacierto porque el «conjunto» de los dioses contiene como elemento uno, al Único Dios. Por lo tanto hablar del conjunto de dioses, es también un mero juego de palabras. Igualmente aparece la prohibición de no hacer un *tzelem* que es una figura de tres dimensiones como una imagen de Dios. Está claro, por lo tanto, que una de las enseñanzas fundamentales es que Dios es enteramente diferente de cualquier cosa o experiencia que se percibe en el universo».

«Un punto clave de nuestro dilema religioso existencial es que adoramos y servimos, respetamos y obedecemos a un Dios que no podemos describir ni reconocer. Podemos identificar su presencia en la historia, pero no podemos anticipar su acción. Lo sentimos en el fuero interno en ciertos momentos cruciales de la vida, pero no podemos reseñarlo y mucho menos definirlo. Este hecho le presentó grandes dificultades a Moisés quien exclama en el episodio de la zarza ardiente en el desierto. *¿Qué le voy a decir a los egipcios cuando pregunten, quién te envió? ¿Cómo se puede describir a Dios?».*

«Está claro que gran parte de la dificultad, reside en las limitaciones del lenguaje. La palabra sencillamente no refleja la totalidad de la experiencia. La palabra ira, furia o cólera es una descripción de cierta sensación emocional muy profunda, pero es sólo una aproximación a la conmoción interior. Además, la cólera de una persona nunca es equivalente a la que es sentida por otra y no solamente debido a la posible diferencia de intensidad de la experiencia de cada uno. A fin de cuentas, el lenguaje viene a ser un atinar útil y necesario, sin que sea necesariamente exhaustivo de la situación. Y en ocasiones llega a ser infiel y falso» (fin de la cita).

Podemos sacar tres conclusiones: quienes dijeron haber visto a Dios, o tuvieron una manifestación de su divinidad, o segundo: vieron a los Ángeles de Dios, y una semejanza de lo que es su entorno; y tercero: cuando la Biblia nos dice haber sido creados a imagen y semejanza de Dios, al igual que nuestros hermanos los Ángeles, porque somos hechura del mismo Padre, los seres humanos, especialmente en ciertas religiones, yendo contra lo ordenado por el mismo Dios, lo hemos «concebido» a Él, a semejanza nuestra. Para entenderlo: lo hemos humanizado y lo hemos animalizado. Al Padre se le pinta en la religión católica, como a un viejo bonachón y al Espíritu Santo, como a un animal: una paloma.

Esta es una absurda interpretación de nuestra semejanza con Dios. Él no es igual a nosotros; no tiene cuerpo, no tiene nuestra materia densa y pesada. Somos nosotros quienes nos parecemos a Él, no en la parte física mortal, sino en la espiritual. Es como si Él fuera el Océano, y nosotros una gotica de agua de ese océano. La gota tiene la esencia del océano y se funde a él. Igualmente nosotros tenemos la esencia Divina que nos permite fundirnos con Dios. Tenemos facultades procedentes de su misma Divinidad, tales como el pensamiento, el poder de la mente, el poder de recuperación, la inteligencia, la creatividad, etc. Así como algunos de sus dones: caridad, amor, bondad, etc.

En los Hechos de los Apóstoles, hay una relación de la llegada del Espíritu de Dios: «*Y de repente vino un estruendo del cielo; como de un viento recio que corría, el cual hinchió toda la casa donde estaban sentados. Y se les aparecieron como lenguas de fuego asentáronse sobre cada uno de ellos. Y fueron todos llenos del Espíritu Santo*». El Espíritu Santo o Espíritu de Dios, es Dios. No vieron los Apóstoles a Dios, sino a una manifestación de la Divinidad. La vieron y la sintieron. Fueron imbuidos del Espíritu (capítulo 2: 1).

En el mismo libro (Hechos, capítulo 18: 9), podemos leer: *«Enton-ces, el Señor dijo de noche en visión a Pablo: no temas, solamente habla y no calles: porque Yo estoy contigo y ninguno te podrá hacer mal».*

Aquí está muy claro, que el Señor habló en sueños a Pablo. Quien como mortal, tampoco pudo ver a Dios. Estas mismas visiones se repiten (Hechos 23: II). Hay una característica constante en las comparecencias, ya sea de la majestad de la gloria de Dios, o en las apariciones de los Ángeles, cuando ellos enseñan parte de su naturaleza angélica. El que los ve, se atemoriza. Ya leeremos a lo largo de este libro, cómo los Ángeles mencionados en la Biblia, deben tranquilizar a la gente diciéndole: no temas.

Pablo mismo describe su visión de la majestad imponente de Dios: *«Más aconteció que yendo yo, y llegando cerca de Damasco, como a mediodía de repente me rodeó mucha luz del cielo: y caí al suelo y oí una voz diciendo: Saulo, ¿porqué me persigues... Y quienes estaban conmigo vieron a la verdad, la luz y se espantaron; más no oyeron la voz de quien hablaba conmigo».* Luego al rey Agripa, le dice: *«Por lo cual oh rey Agripa, no fui rebelde a la visión celestial»* Aclarando él mismo, que no vio a Dios (Hechos 26: 19). El mismo Pablo le dice: *«Porque esta noche ha estado conmigo el Ángel de Dios, del cual yo soy [de Dios] y al cual sirvo»* (Hechos). En realidad Pablo, en sus innumerables recorridos, tuvo aventuras dignas de la Odisea.

Pablo se encontraba en Jerusalén, cuando fue apresado a causa de ataques y protestas de la multitud y es enviado a Italia en un barco, junto con otros prisioneros, porque él mismo, apelando a su condición de ciudadano romano, pide ser juzgado en ese país. Al llegar a Licia, el centurión encargado de ellos, los pone en un nave con destino a Italia.

«Y pasando mucho tiempo y siendo ya, peligrosa la navegación, Pablo les dijo: varones creo que con trabajo y mucho daño, no solo de la carga y de la nave, más aun de nuestras personas, habrá de ser la navegación... Y no apareciendo ni sol, ni estrellas por muchos días y viniendo una tempestad, ya era perdida toda esperanza de nuestra salud... Y venida la decimocuarta noche, y siendo llevados por el Mar Adriático, los marineros a la media noche, sospecharon que estaban cerca de alguna tierra... y habiendo temor de dar con lugares escabrosos, echando cuatro anclas de la popa, deseaban se hiciese de día... éramos todos en la nave doscientos setenta

y seis... Y como se hizo de día, y no conocían la tierra... Más dando en un lugar de dos aguas, hicieron encallar la nave; y la proa hincada estaba sin moverse y la popa se abría con la fuerza de la mar. Entonces el acuerdo de los soldados era matar los presos, para que ninguno se fugase nadando. Más el centurión, queriendo salvar a Pablo, estorbó este acuerdo y mandó a los que supiesen nadar, se echasen al agua primero y saliesen a tierra. Y los demás, parte en tablas, parte en cosas de la nave. Y así todos se salvaron saliendo a tierra».

«Cuando llegamos entonces supimos que la isla se llamaba Melita. Y los bárbaros [así llamaban a los habitantes de tierras desconocidas] *nos mostraron no poca humanidad; porque encendido un fuego, nos recibieron a todos, a causa de la lluvia que caía y del frío. Entonces, habiendo Pablo recogido unos sarmientos y puestos en el fuego, una víbora huyendo del calor, le acometió a la mano. Y como los bárbaros vieron la víbora colgando de su mano, decían unos a otros: ciertamente este hombre es homicida* [recordemos que el barco llevaba presos] *a quien escapado de la mar, la justicia no deja vivir. Más él, sacudiendo la víbora en el fuego, ningún mal padeció. Empero ellos estaban esperando cuándo se había de hinchar, o caer muerto de repente».*

Ezequiel y la Presencia Divina

Entre los diez mil judíos desterrados de Israel, cuando la nación judía fue dominada por los babilonios, se encontraba Ezequiel el profeta que anunció la destrucción del «Pueblo Santo» y su sometimiento a esclavitud. Hecho sucedido en el año 598 antes del nacimiento de Jesucristo.

En el primer capítulo del libro que recoge las profecías de Ezequiel, éste narra lo siguiente: *«Yo sentí un gran ruido de truenos y miré y he aquí viniendo del norte un viento huracanado y una nube densa, en torno a la cual, resplandecía un remolino de fuego, cuyo centro brillaba como bronce en ignición [fundiéndose]. En el centro de la nube, había cuatro seres con apariencia parecida a la de los humanos, cuyo aspecto era este: cada uno tenía cuatro caras y cuatro alas. Todos eran iguales: la misma cara, el mismo cuerpo, las mismas alas, y las mismas dimensiones. Las piernas eran rectas, y los pies semejantes a los del buey. Estos seres también brillaban como bronce en ignición. Por debajo de las alas, a los cuatro lados, salían brazos de hombre. Las alas del uno, se tocaban con las del otro, y dos alas las tenían desplegadas hacia arriba, tocando sus bordes las alas del compañero, y las otras dos alas les cubrían su cuerpo. Al caminar, no volvían la cara, porque siempre una de ellas [una de las cuatro] quedaba de frente. Los cuatro tenían cara humana; pero al mirarles de lado, la cara se veía así: por la derecha, cara de león, por la izquierda cara de toro y por detrás cara de águila».*

«Todos caminaban de frente como si fueran poderosamente atraídos por El Espíritu, sin volverse para atrás. En medio de estos seres, había fuego como de brasas ardientes, encendidas como antorchas. El fuego resplandecía y producía fulgores y discurría en medio de estos seres. Los vivientes [estos Ángeles] iban y venían como relámpago».

«Luego me percaté: junto a cada uno de estos seres, había una rueda que llegaba hasta la tierra. Las ruedas parecían de turquesa, eran todas iguales y cada una en tal forma, como si hubiera una rueda dentro de cada rueda».

«Cuando los seres se movían hacia los lados o hacia la tierra, las

ruedas hacían lo mismo. Los seres iban a cualquier parte donde el Espíritu tenía que ir y las ruedas los acompañaban, pues el mismo Espíritu estaba en esos seres y en las ruedas. Por eso las ruedas andaban o se levantaban de la tierra, igual que los seres, porque tenían espíritu de vida».

«Las ruedas tenían toda la circunferencia llena de ojos. Sobre la cabeza de los vivientes, había como un firmamento, de portentoso cristal tendido por encima de sus cabezas. Cuando se movían, se oía el ruido de sus alas como el de un río caudaloso: pareciera la voz del Omnipotente: cuando marchaban, era igual a estruendo de campamento [de batalla]; al detenerse, plegaban las alas. Y una voz hendió el firmamento sobre sus cabezas. En el firmamento se veía una piedra de zafiro en forma de trono y erguida sobre el este, una figura semejante a un hombre. Un fulgor de bronce brillante como fuego resplandeciente, le rodeaba todo en derredor. De lo que podía ser su cintura para arriba, era igual al fulgor de un metal resplandeciente; y de cintura abajo, similar al resplandor del fuego. El esplendor rodeándolo todo en torno, era como el arco iris que aparece en las nubes en un día de lluvia. Esta era la apariencia de la imagen de la gloria de Yahvé. Al verla, caí rostro en tierra, pero oí una voz que hablaba».

«Y me dijo: hijo de hombre: ponte en pie, que voy a hablarte. Y en hablándome, entró en mí el Espíritu. Me puso en pie, y escuché al que me hablaba». Y aquí, la voz se refiere a los pecados cometidos por el pueblo de Israel contra Jehová. Luego, continúa: «Abre la boca y come lo que te presento. Vi una mano tendiendo hacia mí un rollo [en esa época se escribía en rollos de papiro]. Lo desenvolvió ante mí y vi que estaba escrito por delante y por detrás con lamentaciones, elegías y ayes. Y me dijo: hijo de Hombre come el rollo que tienes delante y habla luego a la casa de Israel...» (Ezequías capítulo 1, 2).

«Y el Ángel de Jehová ordenó a Gad
decirle a David, que subiese y
construyese un altar a Jehová...».

(I Crónicas 21:19).

Los Ángeles Descritos por San Pablo

En el Nuevo Testamento, Pablo hace varias y frecuentes relaciones a los Ángeles. En la primera carta a los Corintios (1 Corintios, capítulo 15, párrafo 40), dice: «*Hay cuerpos celestiales y cuerpos terrestres; más ciertamente una es la gloria de los celestiales, y otra la de los terrestres*». En este contexto se refiere específicamente a la diferencia existente entre el hombre, los maestros, guías y Ángeles. En este otro párrafo de su carta a los Gálatas (Gálatas 4: 14) manifiesta: «*Antes, [en lugar de haberme recibido mal] me recibisteis como a un Ángel de Dios, como a Cristo Jesús*». Aquí destaca la jerarquía e importancia del maestro Jesús sobre los Ángeles.

En este siguiente párrafo, Pablo menciona a los Arcángeles: «*Porque el mismo Señor con aclamación, con voz de Arcángel y con trompeta de Dios, descenderá del cielo; y los muertos en Cristo resucitarán primero*» (Carta a los Tesalonicenses. capítulo 4, párrafo 16). En misiva dirigida a su amigo Timoteo, le dice: «*Te requiero [suplico] delante de Dios y del Señor Jesucristo, y de sus Ángeles escogidos...*» (2 Timoteo 5: 21).

En la carta dirigida a los hebreos, Pablo destaca la hegemonía (importancia, superioridad) de Jesucristo sobre los Ángeles, expresándose así: «*¿Porque a cuál de los Ángeles dijo Dios jamás, mi hijo eres tú, hoy te he engendrado...? y otra vez, cuando introduce [presenta] al primogénito en la tierra, dice [a Dios] adórenle todos los Ángeles de Dios...*». «*Pues a cuál de los Ángeles dijo jamás: siéntate a mi diestra... ¿No son todos [los Ángeles] espíritus administradores, enviados para servicio a favor de los que serán herederos?*» (Hebreos 1: 14).

Luego refiriéndose al gran privilegio del pueblo hebreo por haber sido escogido por Dios, escribe en la misma carta, capítulo 2: 16. «*Porque ciertamente no tomó a los Ángeles [para darles generación o hacer de ellos un pueblo escogido en la tierra] sino a la simiente de Abraham tomó*». Sobre el Arca de la Alianza, expresa «*sobre ella, los Querubines de gloria que cubrían el propiciatorio...*».

Además de la alusión hecha al pueblo escogido, también la hay a la parte espiritual y no procreadora de los Ángeles.

EL ÁNGEL DE JEHOVÁ

En el capítulo 3 del libro del Éxodo (huida, o salida) está escrito: «*Y apacentando Moisés las ovejas de Jethro su suegro quien era sacerdote de Madián y padre de Séfora, que fue madre del hijo de Moisés, Jerson (cuyo nombre quiere decir peregrino soy en tierra ajena), llevó las ovejas detrás del desierto, y vino a Horeb, monte de Dios*».

«*Y apareciósele el Ángel de Jehová en una llama de fuego en medio de una zarza: y Moisés vio que la zarza ardía en fuego y no se consumía. Entonces, dijo: iré yo ahora y veré esta grande visión, y porqué causa la zarza no se quema. Y viendo Jehová que iba a ver, llamólo de en medio de la zarza y dijo: ¡Moisés, Moisés! Y él respondió: heme aquí. Y Dios dijo: no te acerques. Quita tus zapatos de tus pies, porque el lugar donde tú estás, tierra santa es. Y agregó: Yo Soy el Dios de tu padre, Dios de Abraham, Dios de Isaac, Dios de Jacob. Entonces, Moisés cubrió su rostro porque tuvo miedo de mirar a Dios*».

Dios explica a Moisés su designación para liberar al pueblo israelita de la opresión de los egipcios. Le ordena ir a ellos y decirle que Dios lo ha enviado. Entonces Moisés le contestó a Dios: «*He aquí que llego yo a los hijos de Israel y les digo: El Dios de vuestros padres me ha enviado a vosotros; si ellos me preguntasen ¿cuál es su nombre? ¿qué les responderé? Y agregó Dios a Moisés: Yo Soy Yo. Yo Soy el que Soy. Así dirás a los hijos de Israel: Yo Soy, me ha enviado a vosotros*»... «*Este es mi nombre para siempre, este es mi memorial por todos los siglos*».

El Ángel de Jehová indudablemente trae consigo un gran misterio; varios autores no coinciden en su verdadera personalidad o identidad. ¿Era Dios? ¿era un Ángel muy poderoso, muy cercano a Dios, situado sobre los demás Ángeles? Si está claro, es que en varias ocasiones era el Ángel de Jehová quien se apareció con gran gloria y majestad y por ello fue confundido con Dios. Este Ángel es una teofanía. Esto quiere decir, una manifestación de Dios, muy superior a un Ángel.

Al Ángel de Jehová, lo encontramos a lo largo del Antiguo Testamento, desde el Génesis, hasta el libro de Zacarías, casi siempre hablando en nombre de Jehová o representando a Jehová.

En el caso de Moisés recientemente descrito, ¿habrán estado ambos: Jehová y el Ángel de Jehová ante el patriarca? Porque «Yo Soy El Que Soy» es el nombre de Dios; y quienes lo saben emplear, conocen su gran poder mántrico. A menos, que Moisés solamente haya oído la voz de Dios, o tenido una revelación. Según información reciente, el nombre del Ángel de Jehová que apareció en la zarza ardiente, es Memro.

Al Ángel de Jehová, igualmente le da la Biblia el título de Elohim. En el Génesis también tenemos otros encuentros con el Ángel de Jehová (Malak Yaweh) en el capítulo 16: 7, Agar, la sierva de Sara, se encuentra con él.

Sara, quien primero se llamaba Sarai y luego le fue cambiado el nombre por orden divina, era estéril; preocupada porque su esposo Abraham no tuviera descendencia, le dijo que tomara como concubina (cosa permitida en esa época) a Agar, sierva de Sara. Agar le dio un hijo a Abraham, al que le pusieron el nombre de Ismael (fundador de los ismaelitas).

Luego de quedar embarazada Agar, se le olvidó que era la sierva de Sara y comenzó una guerra contra ella, creyéndose superior por estar esperando un hijo de Abraham. Ante esta situación insostenible, Sara habló con Abraham, y Agar decide tomar el camino del desierto donde la encontró el Ángel de Jehová y le dijo: «*Agar, sierva de Sarai, ¿de dónde vienes tú y a dónde vas? y ella le contestó: huyo de delante de Sarai, mi señora. Y díjole el Ángel de Jehová: vuélvete a tu señora y ponte sumisa bajo de su mano*». Le prometió también el Ángel de Jehová: «*Multiplicaré tanto tu linaje, que no será contado a causa de la muchedumbre*». Díjole aún más el Ángel de Jehová: «*He aquí que has concebido y parirás un hijo y llamarás su nombre Ismael, porque oído ha Jehová tu aflicción*».

En esta aparición, igualmente hay una aparente contradicción. Está descartado que Agar haya visto a Dios. Pero ¿tiene el Ángel de Jehová tanto poder como para poderle ofrecer a Agar una descendencia tan grande como la de los ismaelitas? Un Ángel puede saber o ser enviado por Dios para decir que una mujer está embarazada. Son varios los mensajes angélicos para dar esta buena nueva a lo largo de la Biblia. ¿La promesa de la gran descendencia, era un compromiso del Ángel de Jehová, o un recado que daba el Ángel, de parte de Jehová?

EL ÁNGEL DE JEHOVÁ Y GEDEÓN

En el capítulo seis del libro de Los Jueces, también encontramos otra presentación contradictoria. Los israelitas por haber pecado contra Dios, fueron castigados siendo entregados en manos de Madián. Los madianitas se han esfumado en el tiempo, por lo que distintos autores difieren en cuanto a sus descendientes y lugares donde vivían. De las narraciones de las Sagradas Escrituras, se puede concluir: este pueblo se mezcló con los mohabitas, siendo absorbidos por ellos. Es muy probable que los madianitas situados primero en la costa oriental del Golfo Elanítico (Golfo de Akabah, situado en el Mar Rojo), se extendieron más tarde hacia el Sinaí y por el oriente de Palestina, fundiéndose con otros pueblos habitantes de esa región.

Se encontraba Gedeón, un joven israelita a quien Dios dio don de profecía, sacudiendo trigo en el lagar (sitio donde se exprime o pisa la uva) para esconderlo de los madianitas y *«el Ángel de Jehová se le apareció y le dijo: Jehová es contigo, varón esforzado. Y Gedeón le respondió: ah Señor mío, si Jehová es con nosotros, ¿por qué nos ha sobrevenido todo esto? Y ¿dónde están todas sus maravillas que nuestros padres nos han contado?... Y ahora Jehová nos ha desamparado y entregado en manos de los madianitas».*

«Y mirándole Jehová, díjole: ve con esta tu fortaleza, y salvarás a Israel de la mano de los madianitas. ¿No te envío Yo? Entonces Gedeón respondió: ah, Señor mío, con qué tengo de salvar a Israel? He aquí que mi familia es pobre, y yo, el menor en la casa de mi padre. Y Jehová le dijo: porque Yo seré contigo y herirás a los madianitas como a un solo hombre. Y Gedeón respondió: yo te ruego que si he hallado gracia delante de Ti, me des señal de que Tú has hablado conmigo».

Gedeón decidió obsequiar al personaje, (al Ángel) de acuerdo a la tradición y le rogó no se fuera, y aguardara mientras él iba a traer los presentes. El Ángel le prometió esperar. Gedeón preparó un cabrito asado, panes sin levadura, puso la carne en un canastillo y el caldo en una olla y lo llevó a donde el Ángel estaba sentado debajo de un alcornoque (variedad de encina, de cuya corteza se saca el corcho).

Y el Ángel le dijo: «*toma la carne y los panes sin levadura, ponlos sobre esta piedra y vierte el caldo. Así lo hizo el joven; extendiendo el Ángel de Jehová, el bordón* [bastón] *que tenía en la mano, tocó con la punta los panes y la carne; subió fuego que los consumió, y el Ángel de Jehová desapareció*».

«*Y viendo Gedeón que era el Ángel de Jehová, dijo: ah, Señor Jehová, que he visto el Ángel de Jehová, cara a cara. Y Jehová le contestó: paz a ti. No tengas temor, no morirás*».

«*Y aconteció que esa misma noche, le dijo Jehová: toma un toro del hato* [manada] *de tu padre y otro toro de siete años y derriba el altar de Baal que tiene tu padre, y corta también el bosque que está junto a él*».

La Biblia menciona en varias ocasiones a Baal. Averiguamos quien era este dios. Su nombre es una voz semita. Significa amo. Ba'al. En los monumentos cuneiformes y en los textos griegos, es mencionado bajo los nombres de Bel en Asiria. Bel, Bal y Bol en Palmira, Belos y Belus en forma griega y latina, además de Baal. Muchas localidades donde se le adoraba u honraba, le dieron diferentes nombres: Ba'al Lebanon (Baal del Líbano). Ba'al Berith (Baal de la Alianza). Ba'al Schamayim (Baal de los Cielos). Ba'al Zebut, Belzebub (Baal de las Moscas), es muy posible que su nombre en esta acepción, haya sido dado al demonio, como contraposición al bien. Baal la contraparte de Dios, Belzebub, lo contrario del bien o de Dios (ver capítulo final).

Baal era el dios supremo de los pueblos de Canaan, Tiro, Sidón, Siria y otras partes donde se propagó su culto. De su nombre, se derivaron otros para designar a personas: Asdrúbal que quiere decir Baal es socorro. Anibal: Baal es gracia. Elagabal: dios tirio, de donde tomó su nombre Eliogábalo. Otros nombres derivados de este dios, son Baltasar, Balaam, Andobaal, y muchos otros.

En las lenguas semíticas, Baal era un nombre común, además de ser el del dios a que estamos haciendo referencia. Baal quería decir dueño. Baal de un campo, Baal de una casa. También para designar a una especie de cabra. José fue nombrado despreciativamente por sus hermanos Baal de sueños (Génesis 37: 19) y no aparece el texto completo en las versiones modernas de la Biblia, porque debemos recordar que la Biblia desde los concilios de Constanza y de Trento, hasta nuestros días, periódicamente es sometida a «revisiones», donde se le mutila y acomoda a gusto de quienes tienen en sus manos dicho trabajo. No solamente quitaron el libro de Enoch, quien es nombrado por Juan, sino que también en algunas Biblias no transcriben los capítulos tal cual, con la numeración de los versículos. Hacen un resumen y otros capítulos son saltados. Siendo así imposible o casi imposible, buscar una cita Bíblica. Tengo en mi poder una Biblia, donde fueron eliminados los dos libros de los Macabeos. De las modernas la palabra Elohim ha sido suprimida, así como también muchísima información encontrada en otros libros que mencionan a la Biblia como su fuente original.

Es mucho lo que podría seguir escribiendo sobre Baal. Quien desee mayor información, puede obtenerla en la enciclopedia Universal Ilustrada Espalsa-Calpe. S.A. y en la Británica. Volvamos pues, al joven Gedeón y su encuentro con el Ángel de Jehová. Dios además, le ordena levantarle un rústico altar y allí le sacrifique los animales. Gedeón con diez peones de su padre, lo hace de noche, por temor a los demás. *«Cuando la gente se levantó en la mañana, el altar de Baal estaba derribado, y cortado el bosque contiguo. Decíanse unos a otros: ¿quién ha hecho esto? Y buscando e inquiriendo, dijéronles: Gedeón hijo de Joas, lo ha hecho. Entonces, los hombres de la ciudad dijeron a Joas: saca fuera tu hijo para ajusticiarlo, por cuanto ha derribado el altar de Baal y ha cortado el bosque que junto a él estaba. Y Joas respondió a todos: ¿tomaréis vosotros la demanda por Baal? ¿le salvaréis vosotros? Quien tome la demanda por él, morirá mañana. Si es Dios, contienda por sí mismo contra quien le derribó su altar».*

«...y Gedeón dijo a Dios: si has de salvar a Israel por mi mano como has dicho, he aquí que yo pondré un vellón de lana [piel del carnero u ovejo con la lana adherida] en la era; y si el rocío estuviere en la lana solamente, quedando seca toda la otra tierra, entonces entenderé que has de salvar a Israel por mi mano, como lo has dicho. Y aconteció así. Cuando se levantó en la mañana, escurrió el rocío del vellón y sacó como un vaso de agua».

Aquí al mencionar el fenómeno del rocío, es preciso hacer un alto en el recuento, para reflexionar sobre este hecho sobrenatural, presenciado por muchas personas en los momentos que estamos viviendo. El rocío o escarcha ha caído en apariciones de la Santísima Virgen, la Amada Madre, en apariciones de Sai baba, en comunicaciones con los Ángeles y con los maestros.

Continuemos con la historia de Gedeón, por demás interesante desde todo punto de vista. Gedeón, no quedó convencido con este fenómeno y luego de pedirle perdón a Dios por su incredulidad, le pidió invertir el portento. Que esa noche, quedara el rocío sobre la tierra y el vellón permaneciera seco. *«Y aquella noche lo hizo Dios así: porque la sequedad fue sólo en el vellón y en toda la tierra estuvo el rocío».* Y efectivamente, tal como lo podemos leer en el libro de Los Jueces, a partir del capítulo 7, Dios entregó a los madianitas en manos de Gedeón y trescientos hombres escogidos por la divinidad (El Salmo 83 e Isaías 10: 27 recuerdan esta victoria sobre Oreb y Ozeb, príncipes madianitas).

Analicemos el primer encuentro de Gedeón con el Ángel de Jehová quien estaba esperándolo debajo de un alcornoque. En la primera parte, el Ángel habla como mensajero de Jehová. Luego de quejarse el muchacho por encontrarse desamparados de Dios, la Biblia dice: *«y mirándole Jehová díjole: ¿No te envío yo?»* ¿Hay una mala transcripción, o una mala interpretación? ¿Estaba Gedeón hablando con ambos: ¿con Jehová y el Ángel de Jehová? Luego, dice la Biblia *«Y Jehová le dijo: porque yo seré contigo y herirás a los madianitas...».* *«Y extendiendo el Ángel de Jehová su bordón, hizo arder los panes y la carne...»* y el Ángel desapareció y viendo Gedeón que era el Ángel de Jehová, dijo: Ah Señor Jehová, que he visto el Ángel de Jehová cara a cara y Jehová le contestó: Paz a ti».

Un Ángel Anuncia el
Nacimiento de Sansón

En la siguiente historia, el Ángel de Jehová se presenta a los padres de Sansón; y aunque ellos al final llegan a creer que han visto a Dios, su lectura no deja dudas sobre la verdadera identificación de la visión: el Ángel enviado por Jehová.

Jueces 13: 2: «*Y había un hombre de Sora, de la tribu de Dan, el cual se llamaba Manoa; y su mujer era estéril, que nunca había parido. A esta mujer se apareció el Ángel de Jehová, y díjole: he aquí que tú eres estéril, y no has parido; más concebirás y parirás un hijo. Ahora pues, mira que ahora no bebas vino, ni sidra, ni comas cosa inmunda porque tú quedarás embarazada y parirás un hijo, y no subirá navaja sobre su cabeza, porque aquel niño será nazareo a Dios, desde el vientre y él comenzará a salvar a Israel de manos de los filisteos*».

«*Y la mujer vino y se lo contó a su marido diciendo: un varón de Dios vino a mí, cuyo aspecto era como el de un Ángel de Dios, con gran majestad; y no le pregunté quien era, ni tampoco me dio su nombre. Y me dijo que pariré un hijo que será nazareo, por lo tanto no debo comer cosa inmunda, ni beber vino ni sidra. Entonces, Manoa oró a Dios y le dijo: ah, Señor mío, yo te ruego que aquel varón de Dios que enviaste, torne ahora a venir a nosotros y nos enseñe lo que debamos de hacer con el niño que ha de nacer*».

«*Y Dios oyó la voz de Manoa y el Ángel de Dios volvió otra vez a la mujer estando ella en el campo; más su marido no se encontraba con ella. La mujer corrió prontamente y le dijo a su esposo: mira que se me ha aparecido aquel varón que vino a mí, el otro día. Manoa siguió a su mujer y así que llegó al varón, díjole: ¿eres tú aquel varón que hablaste con mi mujer? y él respondió: Yo Soy. Entonces Manoa contestó: cúmplase pues, tu palabra. ¿Qué orden se tendrá con el niño y qué ha de hacerse? Y el Ángel de Jehová respondió a Manoa: la mujer se guardará de todas las cosas que yo le dije*».

«Entonces Manoa respondió al Ángel de Jehová: ruégote nos permitas retrasarte y aderezaremos un cabrito para ti. El Ángel de Jehová respondió: aunque me retengas no comeré de tu pan; más si quieres hacer holocausto, sacrifícalo a Jehová. No sabía Manoa que aquél era un Ángel de Jehová. Entonces le dijo al Ángel: ¿cómo es tu nombre para honrarte cuando se cumpla tu palabra? El Ángel de Jehová respondió: ¿por qué preguntas por mi nombre que es oculto? Manoa sacrificó a Jehová y el Ángel hizo milagro a la vista de Manoa y su mujer. Porque aconteció que como la llama se elevaba del altar hacia el cielo, el Ángel de Jehová subió en la llama a la vista de ambos, quienes se postraron en tierra. El Ángel no tornó a aparecerse a Manoa y a su mujer y éste se dio cuenta que era el Ángel de Jehová».

«Y la mujer parió un hijo; lo llamó Sansón. El niño creció y Jehová lo bendijo y el espíritu de Jehová comenzó a manifestarse en él».

Al analizar la parte previa al nacimiento de Sansón, sacamos en claro: se le atribuye a éste, un nacimiento milagroso; procede de una pareja estéril, a la que se le aparece un Ángel, situación ya sucedida a Abraham y Sara (Génesis 18). Se presentará también a Samuel (Samuel 5). San Juan Bautista nace de una mujer muy vieja para tener hijos (Lucas 1: 5). El niño debe ser nazareo. Esto es, consagrado a Dios según un rito muy antiguo mencionado en la Biblia (Núm. 6: 1). Esta consagración de Sansón a Dios, será la fuente de su fuerza.

También vemos repetida la historia de Sansón en el primer libro de Samuel, capítulo 1: 8. Elcana tenía dos mujeres: una esteril llamada Anna, y la otra Peninna, quien le había dado hijos e hijas y por este motivo se burlaba de Anna. Esto causaba mucha congoja a Anna. Se la pasaba rogando a Dios por un hijo. *«Elcana su marido le dijo: ¿Anna porqué lloras, y no comes? ¿porqué está afligido tu corazón? ¿no te soy yo, mejor que diez hijos?».*

Todos los años subía al templo de Jehová e hizo voto diciendo: *«Jehová de los Ejércitos: si te dignaras mirar la aflicción de tu sierva, te acordaras de mi y no te olvidaras de tu sierva, más dieres a tu sierva un hijo varón, yo lo dedicaré a Jehová todos los días de su vida y no subirá navaja sobre su cabeza. El sacerdote pensó que Anna estaba borracha y la reprendió; cuando se dio cuenta de su error, se disculpó y le dijo: ve en paz y el Dios de Israel te otorgue la petición que has hecho».*

«Pasado un tiempo, Anna parió un hijo, poniéndole por nombre

Samuel, diciendo: por cuanto lo demandé a Jehová... Y después que lo hubo destetado, lo llevó consigo al templo... Allí lo entregó al sacerdote explicándole: por este niño oraba y Jehová me dio lo que le pedí. Yo pues, lo devuelvo a Jehová. Todos los días de su vida serán para Jehová».

Aquí vemos nuevamente el caso de la madre que aun desde antes de concebir a su hijo, lo ofrece a Dios, tal como era costumbre hasta no hace mucho tiempo. Quien era consagrado nazareo, debía dedicarse al servicio divino desde su juventud, y no podía cortarse el cabello.

En cuanto al caso de los padres de Sansón, el Ángel no quiso decirles como se llamaba. En cambio en otras historias bíblicas, los seres angélicos se identifican. En los tiempos modernos quienes han tenido experiencias con Ángeles, también han encontrado algunos renuentes a dar su apelativo al ser preguntados al respecto. ¿Tendrán algunos de ellos nombres al igual que los de Dios descritos en la Kábala?

Ciertos Ángeles tienen o dan como su nombre los mencionados en los libros sagrados de los judíos. Son impronunciables no solamente por lo sagrado, sino porque están formados por una conjunción de consonantes sin vocales.

Respecto a Elcana y su mujer Anna, el mensaje divino no es enviado a través de un Ángel. Un sacerdote sirve de «canal» para hacerlo llegar a la interesada. Por otra parte, vemos la fe de esta mujer y su gran capacidad de sacrificio, al entregar de menos de un año de edad, a ese hijo tan anhelado.

«Más os habéis llegado al monte de Sión y a la ciudad de Dios vivo, Jerusalén la celestial y a la compañia de muchos millares de Ángeles».

(Hebreos 12: 22).

Las Alas de los Ángeles

Esta pregunta nos la han hecho muchas veces. ¿Las alas de los Ángeles? Al respecto, debo primero hacer una breve explicación. Después de haber visto los pasajes de la Biblia donde son mencionados, pero no descritos; se dice de ellos qué hicieron o hacen en un momento determinado, pero no, quiénes son en esencia y cómo son... exceptuando las visiones proféticas.

Según lo han revelado los mismos Ángeles, ellos son energía pura, al igual que Dios. Porque los Ángeles, como los humanos, fueron hechos a imagen y semejanza de Dios. Los Ángeles tienen unas capacidades y nosotros otras. Los Ángeles fueron creados por Dios mucho antes que el hombre. Fueron originados antes de lo llamado creación. Dios se valió de ellos como ayudantes en la tarea de crear, de hacer. La Biblia nos dice en los antiguos escritos del Génesis: *«En principio, El Elohim, creó el universo»*. Los Ángeles fueron y son co-creadores. Porque el universo no fue el resultado de la labor de siete días o jornadas de trabajo de acuerdo a lo manifestado en los textos sagrados, sino como lo dice la ciencia: un proceso evolutivo.

Un proceso de mutación comenzado por Dios junto con los Ángeles, dentro de una organización perfecta. Cada Ángel tiene una tarea específica que continúa cada día, porque como digo en el libro *Nueva Forma de Comunicación con los Ángeles*: todos los días nacen niños y todos los días brotan flores. Esto quiere decir que el proceso de creación no ha terminado, ni terminará mientras haya vida. Cada expresión de una nueva vida, es una nueva creación de más vida.

Así pues, tenemos que los Ángeles son co-creadores. Son energía pura, radiantes fuentes de luz, sin sexo, porque la energía no tiene sexo y la luz tampoco tiene sexo. Sin embargo, en una sociedad machista como la judía de donde proceden los libros integrantes de la Biblia, siempre describen a los Ángeles como hombres y apariciones como mujeres son escasas. Solamente se describen en la Biblia a Ángeles femeninos dos veces: en el Apocalipsis cuando Juan menciona una caja de la cual salieron Ángeles con figuras de mujer y alas de cigüeña, y cuando Gabriel se aparece a la virgen María para no perturbar a una doncella quinceañera, en la intimidad de su alcoba.

En las civilizaciones precedentes de la judía, exceptuando a los babilonios, en cuyas ruinas de templos se encontraron varios dioses alados, los Ángeles no tenían alas. Las alas les fueron implementadas por los judíos y continuaron establecidas en las religiones cristianas y reafirmadas por los pintores de las épocas medieval y del renacimiento. Actualmente para describir a un Ángel, se le colocan alas. Es como a un militar. A un hombre le ponen el uniforme, y ya es militar para quien lo está viendo.

En un principio, las alas fueron figuras del idioma. Una metáfora para describir la rapidez de desplazamiento de los Ángeles. En realidad es poder de ubicuidad. Por tal motivo, una persona podía ver a un Ángel prácticamente en el horizonte y voltearse rápidamente para verlo·al lado contrario. Y para describir este fenómeno, decir que «voló» esa distancia.

La única forma de movilización por los aires… conocida en esa época, era la de las alas de los pájaros. Por lo tanto, se las colocaron a los Ángeles. Inclusive, algunos pintores que llevaron al lienzo escenas bíblicas de visitas angelicales, pintaron alas a los Ángeles, aunque la Biblia no lo mencione.

Otras descripciones bíblicas, como las visiones de Daniel y de otros profetas, los describen, sobre todo a los Serafines, con varios pares de alas, o cubiertos o hechos de alas.

JERARQUÍA CELESTIAL

Jerarquía desde el punto de vista místico, quiere decir un grupo de seres que tienen un rango superior y se refiere a los Ángeles, santos, guías y maestros perteneciente al esquema organizativo de Dios. En cuanto a santo, esta palabra quiere decir sagrado, relativo a la divinidad. La Biblia varias veces nos menciona a los Ángeles adorando a Dios, diciéndole «*santo, santo, santo...*».

Inicialmente la palabra jerarquía Hierarkhia, se refería únicamente a los mas altos poderes espirituales. Ahora se ha materializado el término y oímos palabras como la jerarquía eclesiástica, la jerarquía militar, la jerarquía partidista, etc.

Aunque San Pablo, quien era un hombre muy versado en temas esotéricos, mencionó varias categorías de Ángeles y Arcángeles, en su nutrida correspondencia, (de hecho, era el más versado sobre este tema, entre todos los apóstoles encargados de enseñar la nueva doctrina cristiana, puesto que antes de convertirse al cristianismo había sido ventajoso estudiante de las escuelas místicas más famosa de la época), no dejó establecido el orden o jerarquía angelical. Fue su gran amigo y discípulo Dionisio el Areopagita, gran maestro de las mal llamadas ciencias ocultas, o escuelas de los misterios. Dionisio y Pablo quienes se conocieron en Atenas, la tierra de Dionisio, cuando Pablo la visitó por primera vez, se comprendieron al primer instante, porque ambos hablaban el mismo idioma desde el punto de vista esotérico. Sin embargo, Dionisio tenía mayor información, la que puso a disposición de Pablo. Fue Dionisio quien entregó a la naciente iglesia, sus conocimientos sobre los Ángeles. Y desde entonces, es aceptada su teoría de dividir la Jerarquía Angelical en nueve coros, los que a su vez se subdividen en tres esferas. Esta división trina o triangular, es una prueba para los entendidos, que Dionisio sí sabía lo que estaba diciendo. El número tres, indica la trinidad, la perfección, la suma del todo: Dios.

Posteriormente, cuando la iglesia católica, se enfrasca en las larguísimas discusiones por cientos de años, para definir todo lo que se debía creer o no creer sobre el mundo angélico, fue aceptada o mejor dicho reafirmada esta división y se la declaró dogma de fe.

DIVERSAS MATERIALIZACIONES

La Biblia nos muestra diversas formas de comunicarse los Ángeles con los seres humanos, ya sea para hacerles llegar un mensaje divino, o para proteger a los hombres en determinado momento. Ya vimos como a Moisés el Ángel de Jehová, Memro, se materializa en forma de zarza ardiendo sin consumirse. Es esta otra forma de presentación: en el capítulo 14 del Éxodo, encontramos a los israelitas recién salidos de Egipto, siendo perseguidos por el Faraón en persona, a la cabeza de su ejército. Los israelitas ven ya, tan cerca al ejército egipcio, que temerosos reprochan a Moisés. Este les dice: *«No temáis, Jehová peleará por nosotros. Y el Ángel de Jehová que iba delante de Israel, ...se apartó y se colocó en pos de ellos; así mismo la columna de nube colocada delante de ellos, se apartó y púsose a sus espaldas; e iba entre el campo de los egipcios y el campo de Israel; y era nube y tinieblas para aquéllos [los egipcios] y alumbraba a Israel de noche. Y en toda aquella noche, nunca llegaron los unos a los otros».* Y al otro día, sucedió el milagro de separarse las aguas del Mar Rojo para que pasaran los israelitas.

«La nube guiaba de día y daba sombra protegiendo del sol inclemente del desierto, a los israelitas en su viaje hacia la tierra prometida. De noche, aparecía una luz, mas que luz: era un fuego suspendido en el aire». Igual fenómeno es descrito en Números 9: 15: *«El día en que fue alzado el tabernáculo, una nube lo cubrió y desde la tarde hasta la mañana, hubo sobre el tabernáculo como un fuego... Cuando la nube se alzaba del tabernáculo, partían los hijos de Israel; y en el lugar en donde se posaba la nube, acampaban los hijos de Israel... Fuesen dos días, un mes o un año... mientras la nube se detenía sobre el tabernáculo estándose sobre él, los israelitas seguían acampados y no se movían. Cuando ella se alzaba, ellos se desplazaban».*

La Historia de Balaam

Cuando los hebreos fueron llegando a la tierra prometida, entraron a sangre y fuego. Ante la acción tan devastadora e inmisericorde de los israelitas en los países sometidos por ellos, los vecinos de esos pueblos se iban llenando de temor. Balac, era en ese entonces, rey de los mohabitas y temeroso ante lo que los hijos de Israel habían hecho a los amorreos, mandó a llamar a Balaam, un místico, especie de mago y profeta, para conjurar (maldecir) a los invasores y así salvar a su reino. Cuando los emisarios del rey, llegaron con el precio del «trabajo», Balaam, les pidió quedarse esa noche en su casa, tiempo que necesitaba para consultar a Jehová. *«Pero Dios dijo a Balaam: no vayas con ellos, no maldigas a ese pueblo, porque bendito es. Balaam levantóse muy temprano y dijo a los príncipes de Balac: idos a vuestra tierra, por que Yahvé se niega a dejarme ir con vosotros».*

Al saberlo Balac, no se dio por vencido y envío a príncipes más poderosos y honorables que los anteriores, y un mayor numero de emisarios para convencer a Balaam. *«He aquí lo que te manda a decir Balac, hijo de Sefor:* [le dijeron los emisarios] *No te niegues a venir a verme. Yo te colmaré de bienes, y haré todo lo que tú me digas; ven, te ruego, a maldecirlos. Balaam respondió a los siervos de Balac: aunque me diese Balac su casa llena de plata y oro, no podría yo, traspasar las ordenes de Yahvé mi Dios».*

«Pero podéis quedaros a pasar la noche, para saber lo que vuelve a decirme Yahvé. Durante la noche, vino Dios a Balaam y le dijo: ya que esos han venido otra vez a llamarte, ve con ellos, pero no hagas más de lo que Yo te digo. Levantóse Balaam de mañana, aparejó su asna, y fuese con los príncipes de Moab [el país de los mohabitas]. *Pero Dios estaba indignado porque había ido. El Ángel de Yahvé se puso delante de él, en el camino cerrándole el paso... El asna al ver el Ángel de Yahvé parado en el sendero, con la espada desenvainada en la mano, se salió. Entonces, el Ángel se puso en una estrechura entre las viñas, teniendo paredes a ambos lados; y al verle el animal, echóse contra una de las murallas, aprisionando contra ella, la pierna de Balaam. Éste*

*se puso nuevamente a fustigarla. El Ángel de Yahvé se colocó
ahora, en una angostura donde la bestia no podía pasar ni por la
derecha ni por la izquierda; y al verle, el asna se echó, debajo de
Balaam. Este enfurecido, la fustigó más. Abrió entonces Jehová
la boca del asna, que dijo a Balaam: ¿Qué te he hecho yo para que
por tres veces me hayas castigado? Y Balaam contestó: ¿Porqué
te burlas de mi? si tuviera en mi mano una espada, ahora mismo
te mataría. Y el asna respondió a Balaam: ¿no soy tu asna? Tú me
has montado desde que soy tuya, hasta hoy. ¿Te he hecho yo,
nunca, cosa semejante? Y él replicó no. Entonces, abrió Yahvé los
ojos a Balaam y éste vio al Ángel que estaba con la espada desenvainada en medio del camino. Balaam se postró echándose en
tierra sobre el rostro. El Ángel reconvino a Balaam y le dijo que
fuera e hiciera solamente lo que él le indicara».* Cuando llegó Balaam ante el rey, éste le recibió con grandes agasajos, quejándose de
su tardanza. Al otro día subieron a un monte, donde Balaam mandó
a edificar siete altares con ofrendas de animales como era la costumbre de esa época y bendijo a los israelitas. El soberano se lo recrimi-
nó y lo llevó a otro monte exigiéndole maldecirlos y también volvió a
bendecirlos, explicando Balaam a Balac, que recibía ordenes de Dios.
El rey le pidió entonces, que ya que no podía maldecir a los hebreos,
al menos no los bendijera; fueron a otro monte, y allí Balaam comenzó a profetizar todos los desastres por venir a los mohabitas y a
los pueblos vecinos.

En este pasaje bíblico, encontramos también contradicciones: primero Dios no autoriza el viaje de Balaam; luego lo autoriza, sujeto a
condiciones impuestas por Él; después se enoja por que Balaam viaja y
envía al Ángel. Posteriormente lo vuelve a dejar ir, bajo las mismas
condiciones anteriores. ¿Mala interpretación del pasaje? ¿Malas tra-
ducciones? ¿Cuando estuvieron recortando y reformando los libros
sagrados, crearon esta confusión?

Dice que Dios estuvo hablando a Balaam en la noche. Esto debe ser
que, en el sueño, Dios se reveló a Balaam. También tenemos a un
animal hablando. Mas bien, un Ángel se expresa por la boca de un
animal. Esta vez, un Ángel utiliza a un animal como «vehículo», como
«canal» para transmitir el mensaje celestial.

ÁNGELES CON FORMA HUMANA

Presentaciones o apariciones de Ángeles en forma humana, son muchísimas en la Biblia. Lo importante es estar seguros que la Jerarquía Angelical, muchas veces se nos presenta revestidos de cuerpos humanos, tal como sucedió a Jacob, quien no reconoció al Ángel (ver capítulo dedicado a Jacob) o utilizan a nuestros hermanos mortales como canal, para enviarnos por boca de alguien, un consuelo, o cualquier otro mensaje de esperanza. Ejemplo de esto, experiencias increíblemente maravillosas, hemos tenido en nuestras clases o talleres que enseñan como comunicarse con los Ángeles. Solamente citaré uno. Porque el motivo principal de este libro no es precisamente mencionar las innumerables comunicaciones angélicas que se están sucediendo en la actualidad, a todo lo largo y ancho de nuestro planeta, como parte del plan Divino, sino tratar de las apariciones narradas en los libros integrantes de la Biblia.

En una de nuestras clases, en una meditación, una señora asistente visualizó a un Ángel; él le dijo: «Soy Miguel. No te preocupes, todo saldrá bien». La señora estaba muy angustiada porque se encontraba en los inicios de su divorcio; y las palabras del Ángel le dieron mucho consuelo y confianza. A los pocos días, tuvieron una reunión *con su esposo y sus dos pequeños hijos*. Hubo una discusión y ella se puso a llorar muy afligida. Su niña se le acercó, la tomó del brazo para llamar su atención y le dijo: «soy Miguel, no llores. Todo saldrá bien».

En versiones antiguas de la Biblia, en los libros de Los Reyes, los que narran cuatrocientos años de la historia de Israel, era un sólo libro. En algunas Biblias modernas está dividido en dos, y en otras está distribuido en tres. En los libros actuales, la mayoría del texto es sobre las visiones y las profecías de Isaías (Eliyah o Elyahut en hebreo). Isaías ha sido uno de los «maestros» o avatares más grandes que ha tenido la humanidad. Sólo él y Jesucristo, han dejado este mundo en cuerpo y alma. Elías fue arrebatado por un carro de fuego, en presencia de su discípulo Eliseo. Cuando Jesús tuvo la transfiguración, los apóstoles que estaban con él, le vieron acompañado por Moisés y Elías. La Biblia, y las iglesias cristianas, y el mismo Jesucristo, hablan de la futura venida de Elías. Los judíos están esperando su regreso. Los cristianos el de Cristo y Elías. El único profeta mencionado en la Biblia, reconocido por el Islam, es Elías. Los islámicos por supuesto creen en los Ángeles y en el mismo sistema jerárquico para el reino angélico de los cristianos y judíos.

Elías coordina una reunión en el Monte Carmelo, a donde va el pueblo de Israel y cuatrocientos cincuenta sacerdotes de Baal, y ante todos ellos, hizo quedar en ridículo al supuesto dios, porque uno de los prodigios de Dios, fue matar a todos los profetas del ídolo. Como fuera amenazado de muerte, Elías huye al desierto. En el antiguo libro de los Reyes, dice que a donde estaba escondido, los conejos y las aves del cielo, le traían agua y comida procedente de Dios.

Venían al amanecer y al anochecer. En el actual libro I de los Reyes, capítulo 19: 6, está escrito: *«Un Ángel vino a tocar a Elías y lo despertó diciendo: levántate y come; sino el camino será demasiado largo para ti. Miró y a su cabecera estaba una torta cocida sobre las ascuas y un vaso de agua. Comió y se quedó dormido. El Ángel lo volvió a despertar y le dio la misma comida diciéndole: come por que gran camino te espera. Comió y bebió y caminó con fortaleza durante cuarenta días y cuarenta noches, hasta llegar al Monte de Dios Hereb».*

En esta historia de la alimentación de Elías en el desierto, estamos ante una certeza. Dios no abandona a los que no lo abandonan a Él. Dios cuida a quienes tienen fe en Él. La persona creyente está absolutamente segura de su provisión. *«Dios mandó a sus Ángeles a preocuparse por el alimento y el agua necesaria para su siervo poder sobrevivir y hacer la jornada programada».* Es decir, cumplir con su misión, «prestar el servicio». Si como dicen los textos antiguos, fueron *animales los encargados* de llevarle el alimento, quiere decir que los Ángeles tomaron la forma de estos animalitos, para cumplir así una misión divina.

Pero todavía hay algo más interesante en la historia de Isaías. Nos trae varias revelaciones dignas de ser bien analizadas, o ser conocedor de su significado para entenderlas. Ya vimos a los Ángeles tomando la forma de animales para alimentarlo. Ahora, analicemos el siguiente pasaje de la misma historia: *«Viendo pues el peligro, levantóse y fuese por salvar su vida, y vino a Beer' seba, que es Judá, y dejó allí a su criado. Y él se fue por el desierto, un día de camino. Vino y sentóse debajo de un enebro; deseando morirse, dijo: baste ya, oh*

Jehová, quita mi alma; no soy yo mejor que mis padres, y echándo-se debajo del enebro quedóse dormido: y he aquí, un Ángel le tocó y le dijo: levántate y come. Y comió y bebió...» (1 Reyes: 19: 3 al 6). La Biblia dice dos veces, (enfatiza): Elías se sentó debajo de un enebro. El hecho de mencionarlo dos veces, tiene un gran significado esotéri-co. Algunos autores confirman las facultades energéticas del enebro para hacer que los Ángeles se materialicen. Y nosotros poderlos ver. Para eso, se deben hervir bayas y ramas del enebro, y beber de esta infusión, al comenzar el ritual de invocación angélica. También se debe poner en la localidad de las citas con los Ángeles, (sanctum, o sitio sagrado, o punto de encuentro o lugar de las citas como dice la Biblia) en el incensario, ramas y bayas de enebro. Quien hace la invocación, debe vestirse de blanco, rogándole al veda de los enebros, facilitar la aparición del Ángel solicitado a fin de poder hacerse visible en nuestro mundo físico, para lo cual, se debe pronunciar en alta voz tres veces el nombre del Ángel que estamos llamando. Durante este rito, se debe decir el siguiente mantra: «Kem Lem».

Las ramas y bayas del enebro, también tienen el poder de limpiar nuestro cuerpo astral de toda clase de larvas. Para lo cual, se quema el incienso con las ramas y bayas de este arbusto, dentro de una habita-ción previamente purificada, (el lugar sagrado o de encuentro) y con muy buenas intenciones dentro del corazón. ¡Que lástima que en Sud-américa, no tengamos enebros!

EJERCICIOS DE ENTONAMIENTO

Doy a los lectores dos ejercicios para hacer en su meditación. Prime-ro, deben tratar de tener un lugar sagrado en su hogar. Esto es, un sitio donde se puedan recoger en silencio durante algunos minutos, sin ser interrumpidos. Luego, distanciarse del ruido del teléfono, etc., para hacer su meditación sin interrupciones. Cuando se escoge y utiliza siem-pre un espacio determinado, ese rincón se va cargando con la energía ahí concentrada y al regresar allí, cada vez nos será más fácil entonar-nos con nuestros amados hermanos angelicales, o con el Cósmico. Luego de prender la luminaria (luz) requisito indispensable para hacer una buena meditación espiritual, quedarse en silencio unos minutos, después de haber pedido protección y ayuda al Cósmico y a los santos y Ángeles que reinan en ese momento. Luego, cuando ya te sientas bien armonizado, cantar el mantra invitando a los Ángeles a venir (fue dado por ellos): «Inurra Inurra Inurra Ziay». Esto se repite tres veces, en un tono agudo y todo en la misma nota. Para elevar aún más la conciencia, visualizar el dibujo de los triángulos yendo hacia arriba, elevándose hasta la consciencia Divina, o visualizar cada coro angelical como una circunferencia. A medida que se va elevando, se va sobreponiendo una a otra, como formando una espiral que llega a Dios.

Los Nueve Coros

La división y escalafón dado por Dionisio el Areopagita, fue la aceptada por las iglesias cristianas. Esta formación es la siguiente; comenzando por los Ángeles. Ángeles se les dice a todos genéricamente. Esta clase de seres especiales cuyo único fin es servir a Dios y cuya longitud de onda lleva consigo lo más maravilloso del mundo espiritual, son llamados Ángeles o mensajeros. Quien haya visto a un Ángel, sea el status que sea el del celeste visitante, le da el título de Ángel. Es como si tú, querido lector, ves o te encuentras con un militar, y no sabes el rango; le dices o te refieres a él, como militar. Cuando indicas a varios de distintos escalafones, dices los militares, o el ejército, o la milicia. Igual expresamos: los Ángeles, el ejército de Ángeles, la milicia celestial, etc.

Dios

ÁNGELES
ARCÁNGELES
PRINCIPALIDADES (PRINCIPADOS)
PODERES (POTESTADES)
VIRTUDES
DOMINIOS
TRONOS
QUERUBINES
SERAFINES

Los Ángeles

Los Ángeles son los que están más abajo en el escalafón angelical, y por lo tanto más cercanos a nosotros los humanos. No por ello, exentos de mucho amor. Tienen una capacidad increíble de ternura y compresión. Están cargados de mucha alegría y buen humor que contagian. Cuando una persona ha podido tener contacto con uno de estos seres, queda inundada de esos sentimientos tan enternecedores.

Los Ángeles entre sus misiones, tienen la de acompañarnos a través de todas nuestras etapas de vida aquí y allá en el mundo espiritual, siendo siempre el mismo Ángel. Si logramos afinar nuestras vibraciones para entornarnos con nuestros amados guías, llegaremos a crear una simbiosis maravillosa.

Los Ángeles de la Guarda, prefieren ser llamados de compañía, ya que cuando nosotros y nuestro planeta estemos suficientemente llenos de luz, no necesitaremos su protección, porque nuestro entendimiento será más desarrollado, así como nuestra percepción, debido a nuestro alto grado de espiritualidad. Esto quiere decir: estaremos alejados del mal, obrando y pensando siempre en el bien y percibiendo el porvenir. Si la gran mayoría está en ese estado de conocimiento, los menos que no lo tengan, irán adquiriéndolo poco a poco, aunque sea por ósmosis.

Los Ángeles de este nivel, se subdividen a la vez, en devas, gnomos, hadas, salamandras, ondinas, etc. Esta subdivisión, pertenece a devas menos espiritualizados y por lo tanto de menor energía y conocimiento.

Entre los Ángeles de la guarda o compañía, hay algunos encargados de todas las expresiones de vida y de funcionamiento. Por ejemplo, el Ángel del paisaje o de la naturaleza, cuya función es proteger a la ecología, el Ángel del conocimiento, el Ángel de la mecánica o tecnología, los Ángeles de la salud que trabajan en esta materia con los arcángeles Miguel y Rafael., etc. Los Ángeles guardianes de grandes mamíferos como las ballenas, delfines y elefantes (Ver una explicación ampliada en mi libro *Nueva Forma de Comunicación con los Ángeles*).

Los Arcángeles

Los Arcángeles son los seres encargados, entre otras, cosas, de mandar a los Ángeles. Es su responsabilidad transmitir las ordenes del Altísimo. Los Arcángeles mandan batallones de Ángeles; estos generalmente toman el nombre del Arcángel comandante. Lo hemos podido comprobar en nuestros talleres, no una sino varias veces, y en el mismo grupo de asistentes, al identificarse un Ángel con el nombre del jefe de su batallón. Quien más se presenta es Miguel, corroborando así lo expresado por él, en el sentido de venir siempre cuando haya tiempo de crisis. Pero no debemos temer por esto, porque como también lo expresó este Arcángel: crisis viene de crisol y en el crisol es donde se separa el oro de la escoria. Ciertamente estamos en una época en que está sucediendo ese fenómeno. Pero quienes no pertenecemos a la escoria, debemos tener fe, porque lo peor ya está pasando y la luz está venciendo y esparciéndose por todos los rincones de la Tierra.

PRINCIPADOS

En el escalafón angelical, comenzando por los Ángeles, los más cercanos a nuestra realidad, por sobre los Arcángeles, están los Principalidades. Son Arcángeles muy importantes en nuestras interrelaciones con nuestros congéneres. Son los guardianes de los grupos humanos. Voy a explicártelo de una manera más sencilla: los Ángeles son guardianes o compañeros de un ser humano. Los Principados son guardianes o compañeros de grupos de humanos. Es decir, de relaciones establecidas entre los seres humanos.

Ellos son los encargados de establecer una energía o puente entre dos o más personas. Por eso es muy importante, no sólo integrar a los Ángeles a nuestra vida, sino conocer sus funciones específicas para así aprovechar mejor el ofrecimiento de ayuda que permanentemente nos están haciendo (Ver mi libro *Nueva Forma de Comunicación con los Ángeles*).

PODERES

Esta es la primera orden o coro dentro de la segunda esfera. Estos Arcángeles son los guardianes de los archivos akásicos (ver los libros del monje tibetano Lonbsang Rampa). Ya mencioné los Ángeles del nacimiento y de la muerte. Estos Ángeles son muy decisivos en nuestra vida, porque nos ayudan en los dos momentos más importantes: entrar y salir de esta dimensión.

VIRTUDES

Por sobre los Poderes, están los Virtudes. Su oficio es enviar permanentemente grandes cantidades de energía divina a la tierra. Mientras más nos llegue, mejor será nuestro mundo.

DOMINIOS

Los Dominios son los burócratas celestiales. De aquí para abajo, todos los demás Ángeles son de su responsabilidad y mando. También trabajan en la integración del mundo físico con el mundo espiritual. Es muy raro que hagan contacto con los seres humanos.

TRONOS

Los Tronos son los Ángeles guardianes de los planetas. Debemos por lo tanto ser muy devotos del Ángel de la tierra: Euralia y contribuir a facilitar su tarea, cuidando la salud de nuestro amado planeta. Nuestros pensamientos y obras son energías que influyen dramáticamente en el medio ambiente, (en el mismo libro del Génesis, dice: Jehová manifestó: la tierra está dolida a causa de la mala conducta de los hombres) además de la acción depredadora o conservacionista que tomemos. Recomiendan los Ángeles cuidar mucho a la naturaleza y sembrar muchos árboles de gran tamaño. No solamente debemos sembrarlos, sino cuidarlos. No importa donde se encuentre un árbol. Para cuidarlos, todos los árboles nos pertenecen, son nuestros y estamos en obligación con ellos, porque de los árboles, depende la vida en la Tierra. Ellos producen el oxígeno que respiramos, mantienen el agua y la humedad, evitan la erosión.

QUERUBINES

Son los guardianes de la luz y de las estrellas. Su rango está sobre los Tronos. Mucha gente que ha visto las apariciones de la Amada Madre María, los ha visto acompañándola. Los Querubines están a su servicio.

SERAFINES

La más alta orden jerárquica conocida hasta ahora por los seres humanos, o al menos aceptada por las religiones más importantes del planeta Tierra, es la de los Serafines. Aunque se han tenido revelaciones recientes de que en esta esfera, hay cuatro o más ordenes o coros. Los Serafines están junto con los Superafines y Elohines al lado del Trono de Dios, en permanente y eterna adoración.

ÁNGELES CREADOS PARA ALABAR A DIOS

En el Salmo 148, podemos leer:

«¡Aleluya! Alabad a Yahvé desde los cielos, alabadle en las alturas. Alabadle vosotros Sus Ángeles todos, Sus ejércitos. Alaben el nombre de Yahvé porque a Su servicio fueron creados...».

«Porque en Él, fueron creadas todas las cosas del cielo y de la tierra, las visibles y las invisibles, los Tronos, las Dominaciones, los Principados, las Potestades; todo fue creado por Él y para Él. Él es antes que todo, y todo subsiste en Él».

(Carta de San Pablo a los Colosenses, capítulo 1: 16).

*«Delante del trono había como un mar de vidrio, semejante al cristal, y en medio del trono y en derredor de él, **cuatro vivientes**, llenos de ojos por delante y por detrás. El primer **viviente** era igual a un león; el segundo **viviente** semejante a un toro; el tercero tenía semblante como de hombre; y el cuarto era igual a un águila voladora. Los cuatro **vivientes** [Ángeles], tenían cada uno de ellos, seis alas, y todos, en torno y dentro, estaban llenos de ojos y no se daban reposo día y noche, diciendo: Santo, Santo, Santo, es el Señor Dios Todopoderoso, el que era, el que Es, y El que viene».*

*«Siempre que los **vivientes** daban gloria, honor y acción de gracias al que está sentado en el trono, que vive por los siglos de los siglos, los veinticuatro ancianos caían delante del que está sentado en el trono, y se postraban ante el que vive por los siglos de los siglos y arrojaban sus coronas delante del trono diciendo: digno eres Señor Dios nuestro de recibir la gloria, el honor y el poder, porque Tú creaste todas las cosas y por Tu voluntad fueron creadas».*

«Jehová afirmó en los reinos Su trono; y Su reino domina sobre todos. Bendecid a Jehová vosotros Sus Ángeles, poderosos en fortaleza que ejecutáis Su palabra, obedeciendo a la voz de Su precepto».

*«Bendecid a Jehová, vosotros todos Sus **ejércitos ministros** Suyos que hacéis Su voluntad. Bendecid a Jehová vosotras todas Sus obras, en todos los lugares de Su señorío. Bendice alma mía, a Jehová».*

(Salmo 103).

Los Ángeles en el Libro del Génesis

Es dogma de fe de la iglesia católica, y las iglesias cristianas, que los cinco primeros libros de la Biblia en conjunto, llamado «Pentateuco de Moisés», fueron escritos por este patriarca quien tuvo la responsabilidad de conducir a su pueblo durante cuarenta años hacia la tierra prometida. Los Ángeles como tales, son mencionados por sus distintos nombres, treinta y dos veces en el Pentàteuco.

La primera vez que nos encontramos con los Ángeles de Jehová, en la Biblia, es en el pasaje referente a la caída de nuestros primeros padres. Dios «se da cuenta» de su desobediencia y los echa del paraíso. Les dice que ganarán el pan con el sudor de su frente y a la mujer la condena a parir con dolor.

«Echó pues, fuera al hombre, y puso al oriente del huerto del Edén Querubines, y una espada encendida que se revolvía a todos lados, para guardar el camino del árbol de la vida» (Génesis 3: 24).

Cuando vivía Noé, seguramente en la época de los atlantes, puesto que la misma Biblia dice: *«gigantes habitaban la tierra»* (Génesis 6: 4) enojóse Jehová con los humanos y tomó la determinación:

«Raeré los hombres que he creado de sobre la faz de la Tierra... porque me arrepiento de haberlos hecho. Empero Noé halló gracia ante los ojos de Jehová».

«Y dijo Jehová a Noé: el fin de toda carne ha venido delante de Mí porque la Tierra está llena de dolencia a causa de ellos; y he aquí, que Yo los destruiré con la Tierra» (Génesis 6: 7, 8 y 13).

Tal como se explicó ampliamente en los primeros capítulos de este libro, nadie en su condición de ser humano viviendo en este planeta, ha visto a Dios (Juan 1: 18). Por lo tanto, o es una mala interpretación, o es una mala explicación, o una mala traducción. Posiblemente Noé tuvo estas revelaciones en sueños, o en meditaciones, o a través de los Ángeles de Jehová, o de los Elohines de Jehová. Hay algunos pasajes bíblicos, donde no son mencionados los Ángeles, pero a todas luces queda muy claro que son ellos los quienes han transmitido el mensaje del Altísimo.

Luego de transcurrido el diluvio y varias generaciones de descendientes de Noé poblando la Tierra, éstos deciden hacer la Torre de

Babel. La Biblia dice que un sólo idioma se hablaba en toda la faz de la Tierra. Y en una manera simplista por demás, para explicar las diferentes lenguas que se han ido formando y continúan transformándose en nuestro planeta, describen un hecho absurdo: los hombres quisieron hacer una torre que llegara al cielo. Dios se enojó de semejante atrevimiento y los castigó formando de golpe y porrazo, un montón de idiomas diferentes. Entonces, para Moisés, quien según las iglesias cristianas escribió estos libros, Dios está únicamente sobre las nubes.

Si esto fuera cierto, Dios no hubiera permitido que se construyeran edificios tan altos como los de hoy en día, ni aviones, ni mucho menos cohetes interplanetarios. Pero Dios, antes por el contrario, a través de los maestros nos manda la iluminación para poder hacer todas esas maravillas. Porque Dios sabe que no lo vamos a encontrar buscándolo de esa manera a través de la tecnología. Porque Dios no está en una cosa o parte, sino en todas las cosas y en todas partes, especialmente en la mente y en el corazón del ser humano.

«Digo:
¿Qué es el hombre, para que tengas
de él memoria, y el hijo
del hombre, para que lo visites?
Pues le has hecho poco menor
que los Ángeles y lo has coronado
de gloria y de lustre».

(Salmo 8: 4 y 5).

Los Ángeles en el Tiempo de Abraham

Viene después, la historia de Abraham, donde también es confundida la presencia de un Ángel quien entrega al patriarca las promesas de Dios, con el mismo Dios. Estas equivocaciones pueden haber sido posibles, porque en este caso los Ángeles no tomaron la presencia humana. Se mostraron tal como son. Y es lógico: quien no ha visto a Dios, ni sabe como es Él, frente a tanta majestad, elevación y gloria de los Ángeles, cree que está ante Dios, y no ante sus mensajeros. Posteriormente, los Ángeles vienen en apariencia humana, y la Biblia nos narra este pasaje. «*Y aparecióle Jehová [a Abraham] en el valle de Mamre, estando él sentado a la puerta de su tienda en el calor del día. Y alzó sus ojos y miró, y he aquí tres varones que estaban junto a él y cuando los vio, salió corriendo de la puerta de su tienda a recibirlos e inclinóse hacia la tierra, y dijo: Señor, si ahora he hallado gracia en tus ojos, ruégote que no pases de tu siervo*».

«*Que se traiga ahora un poco de agua, y lavad vuestros pies: recostáos debajo de un árbol: traeré un bocado de pan y sustentad vuestro corazón; después pasaréis:*»

«*Porque por eso habéis pasado cerca de vuestro siervo. Y ellos dijeron: haz así como has dicho. Entonces Abraham fue de prisa a la tienda de Sara, y le dijo: toma presto tres medidas de flor de harina, amasa y haz panes cocidos debajo del rescoldo. Y corrió Abraham a las vacas, y tomó un becerro bueno y tierno y diólo al mozo, y dióse éste prisa en aderezarlo. También tomó manteca y leche, y el becerro que había aderezado, y púsolo delante de ellos; y él estaba junto a ellos debajo del árbol; y comieron*».

«*Y le dijeron: ¿dónde está Sara tu mujer? Y él respondió: aquí en la tienda. Entonces uno de los visitantes le dijo: de cierto volveré a ti, según el tiempo de la vida, y he aquí, tendrá un hijo Sara tu mujer. Y Sara escuchaba a la puerta de la tienda, que estaba detrás de él. Abraham y Sara eran viejos, entrados en días: a Sara había cesado ya la costumbre de las mujeres. Rióse pues, Sara entre sí, diciendo: ¿después que he envejecido tendré deleite, siendo también mi señor ya viejo?*» (Génesis 18: 1 al 12).

Una vez cumplida la misión de los Ángeles, luego de comer con Abraham y Sara, después de decirle a Abraham que Dios pensaba destruir a Sodoma y Gomorra, partieron hacia ese lugar.

«Llegaron, pues, los tres Ángeles a Sodoma a la caída de la tarde. Lot estaba sentado a la puerta de Sodoma. Viéndolos Lot, levantóse a recibirlos, e inclinóse hacia el suelo; y dijo: ahora, pues, mis Señores, os ruego que vengáis a la casa de vuestro siervo os hospedéis, y lavéis vuestros pies; y por la mañana os levantaréis y seguiréis vuestro camino. Y ellos respondieron: No. En la plaza nos quedaremos esta noche. Más él porfió con ellos mucho, y se vinieron con él y entraron en su casa; e hízoles banquete, y coció panes sin levadura y comieron».

«Y antes de acostarse, cercaron la casa los hombres de la ciudad, los varones de Sodoma, todo el pueblo junto, desde el más joven, hasta el más viejo; llamaron a Lot y le dijeron: ¿dónde están los varones que vinieron a ti esta noche? Sácanoslos, para conocerlos. Entonces, salió Lot a ellos a la puerta, y la cerró tras de sí, y dijo: os ruego, hermanos míos, que no hagáis tal maldad».

«He aquí ahora yo tengo dos hijas quienes no han conocido varón; os las sacaré afuera, y haced de ellas como bien os pareciere: solamente a estos varones no hagáis nada... pues vinieron a la sombra de mi tejado. Y ellos respondieron; quita allá. Y añadieron: ¿vino este aquí para habitar como un extraño y habrá de erigirse en juez? Ahora te haremos más mal que a ellos. Y hacían gran violencia al varón Lot y se acercaron para romper las puertas».

«Entonces, los varones alargaron la mano, y metieron a Lot en la casa con ellos, y cerraron las puertas. Y a los hombres que estaban a la puerta de la casa, desde el menor hasta el mayor, hirieron con ceguera; y ellos se fatigaban por hallar la puerta. Y dijeron los varones [los Ángeles] a Lot: ¿tienes aquí alguno más? Tus yernos, tus hijos, tus hijas y todo lo que tienes en la ciudad, sácalo de este lugar; por cuanto el clamor de ellos ha subido de punto delante de Jehová; por lo tanto, Jehová nos ha enviado para destruirla».

«Entonces, salió Lot y habló a quienes iban a ser sus yernos, los que habían de tomar a sus hijas, y les dijo: levantaos, salid del lugar; porque Jehová va a destruir esta ciudad. Más pareció a sus yernos como que se burlaba. Y al rayar el alba, los Ángeles daban prisa a Lot, diciéndole: levántate, toma tu mujer y tus dos hijas contigo, para que no perezcan en el castigo de la ciudad. Y dete-

niéndose él, los Ángeles asieron de su mano y de la mano de su mujer, y de las manos de sus hijas, según la misericordia de Jehová para con él; les sacaron, y les pusieron fuera de la ciudad, y le dijeron: escapa por tu vida, y no mires tras de ti, ni pares en toda esta llanura; escapa al monte, no sea que perezcas. Y Lot les dijo: no, yo os ruego, señores míos... yo no puedo escapar al monte; no sea acaso que me alcance el mal y muera».

Lot les muestra una pequeña ciudad y pide sea salvada esa población y le sea permitido a él con su familia, escapar de la ira divina en ella. Le es concedido y a la ciudad le dan el nombre de Zoar. Era el amanecer, cuando Lot llegó a Zoar. *«Entonces, llovió sobre Sodoma y Gomorra, azufre y fuego... y destruyó las ciudades... entonces, la mujer de Lot, miró a espaldas de él, y se convirtió en estatua de sal».*

«Y cuando Abraham llegó al lugar y miró hacia Sodoma y Gomorra,... he aquí que el humo subía de toda la tierra, como el humo de un horno» (Génesis capítulo 19).

Y efectivamente, Sara concibió y parió un hijo. Fue llamado Isaac. Se le circuncidó tal como lo había exigido Dios a Abraham. Tanto Abraham, como su esposa Sara eran muy viejos, cuando nació Isaac, por lo que Agar, la sierva de Sara, quien había dado a Abraham un hijo, se burlaba. Entonces, Sara pidió a Abraham la echara de la casa, para que el hijo de ésta no heredara igual a su hijo Isaac.

Abraham no quiso hacerlo, por amor a su hijo Ismael. Dios «se le apareció» y le pidió no afligirse y dejar marchar a Agar con el hijo de ambos: Ismael y le prometió gran descendencia a través de sus dos hijos: Ismael e Isaac.

Abraham despidió a la sierva, le dio comida y agua, y ella se fue a errar por el desierto de Beer'seba. Cuando le faltó el agua, colocó al muchacho bajo la sombra de un árbol y se alejó llorando porque no quería ver cuando su hijo muriera de sed o despedazado por una fiera. *«Y oyó Dios la voz de Agar y del muchacho; el Ángel de Dios llamó a Agar desde el cielo y le dijo: ¿qué tienes Agar? No temas porque Dios ha oído la voz del muchacho en donde está. Levántate, alza al muchacho, y ásele de tu mano, porque en gran gente lo tengo de poner. Entonces abrió Dios los ojos de Agar y vio una fuente de agua; fue y llenó el odre de agua, y dio de beber al muchacho».*

Tiempo después, Dios quiso probar a Abraham, y así le habló: toma a tu hijo Isaac y sacrifícalo en un cerro que Yo te indicaré. Abraham hizo como Dios le dijo. Se levantó de madrugada, preparó un burro, tomo a dos muchachos para que le acompañaran y a su hijo Isaac, y llevó consigo la leña para el sacrificio. Al tercer día de camino, vio el cerro indicado por Dios y pidió a los criados quedarse allí, mientras él continuaba con su hijo Isaac. Cogió la leña para el sacrificio, y la cargó sobre su hijo. Tomó en sus manos el brasero y el cuchillo y partieron. Fue cuando Isaac preguntó a su padre, dónde estaba la víctima que iban a sacrificar a Dios, e Isaac respondió la famosa frase: «Dios proveerá».

Llegados al lugar indicado, Abraham preparó el sitio para el sacrificio, puso la leña y ató a su hijo Isaac. *«Y extendió Abraham su mano y tomó el cuchillo para degollar a su hijo. Entonces, el Ángel de Jehová le dio voces desde el cielo y le dijo: Abraham, Abraham. Y él respondió: heme aquí. Y dijo: No extiendas tu mano sobre el muchacho, ni le hagas nada; que ya conozco que temes a Dios, pues que no me rehusaste tu hijo, tu único»* (Génesis 22: 10, 11 y 22).

Inmediatamente, Abraham vio un carnero que tenía los cuernos enredados en una zarza; fue a buscarlo y lo sacrificó a Jehová, en lugar de su hijo. *«Volvió a llamar el Ángel de Jehová a Abraham, desde el cielo y dijo: juro por mí mismo que, ya que has hecho esto y no me has negado a tu hijo el único que tienes, te colmaré de bendiciones y multiplicaré tu simiente...».*

Luego de este incidente, volvió Abraham con su hijo y los dos muchachos acompañantes, hasta Bersebá, donde fijó su residencia.

En lo que hemos podido leer en esta descripción somera sobre la historia de Abraham y la prueba de Dios, podemos sacar varias conclusiones:

1º La Biblia nos dice que Dios le habló a Abraham, pero no aclara si fue en sueños, o por medio de uno de sus Ángeles.

2º El Ángel de Jehová habla como si él fuera Dios: «Y no me has negado a tu hijo... te colmaré de bendiciones... juro por mí mismo».

3º El Ángel le dice: «tu hijo, el único que tienes»... Abraham tenía otro hijo: Ismael, mayor que Isaac.

4º El ejemplo de fe dado por Abraham. Cuántas veces estamos pasando por una prueba, y nos rebelamos contra Dios. El hecho de no aceptar con fe absoluta en Dios, hace la prueba más pesada, más larga, más penosa, más intensa. Y además, perdemos todo ese sufrimiento, toda esa angustia. Mientras la fe, el abandono total en la voluntad de Dios, nos da consuelo, la fuerza para soportar con menor dolor y sufrimiento, y hasta nos quita parte de la prueba, o la elimina totalmente, o nos despoja el karma convirtiéndolo en darma.

En la época de Abraham, sacrificar al hijo varón mayor, era una costumbre. Ellos pensaban que para ser un auténtico padre que amaba y temía a Dios, se debía sacrificar al primogénito. Posteriormente, los israelitas abolieron esa costumbre; prueba de ello es que no la volvemos a leer en la Biblia. La llegaron a considerar monstruosa, tal como nos parece a nosotros hoy en día.

«He aquí Yo envío Mi mensajero,
el cual preparará el camino delante de Mí.
Y luego vendrá a Su templo el Señor a
quien vosotros buscáis, y el Ángel del pacto,
a quien deseáis vosotros.
He aquí viene, ha dicho Jehová de los Ejércitos».

(Malaquías 3: 1).

LOS ÁNGELES BUSCAN ESPOSA PARA ISAAC

«Abraham era ya muy viejo y Yahvé le había favorecido en todo. Abraham le dijo a su servidor más antiguo, quien era su mayordomo: ruego pongas tu mano bajo mi muslo. Me vas a jurar por Yahvé, Dios del cielo y la tierra, que no tomarás para mi hijo, una mujer entre los cananeos que me rodean. Sino que tú irás a mi país, a buscar, entre mi parentela, una mujer para mi hijo Isaac».

«El servidor respondió: Y ¿si la mujer no quisiera venir conmigo a esta tierra, deberé llevar a tu hijo a la tierra de donde saliste? Abraham le contestó: por ningún motivo llevarás para allá a mi hijo; pues Jehová, Dios de los cielos, que me tomó de la casa de mi padre y de la tierra de mi parentela, y me habló y me juró, diciendo: a tu simiente daré esta tierra; Él enviará su Ángel delante de ti, y tú tomarás de allá mujer para mi hijo».

«Si la mujer no quiere seguirte, estarás libre de tu juramento. Pero en ningún caso lleves para allá a mi hijo. El mayordomo colocó su mano debajo del muslo de su patrón y le juró cumplir este encargo».

«Luego el servidor tomó diez de los camellos de su amo cargados con lo mejor que tenía Abraham. Se puso en marcha hacia la ciudad de Najor, en el país de Aram. Al llegar, hizo arrodillarse a los camellos en las afueras de la ciudad, junto al pozo. Era ya tarde, hora en que las mujeres van a buscar agua al pozo».

«El mayordomo oró así: Yahvé, Dios de mi señor Abraham, haz que me vaya bien hoy y muestra tu benevolencia para con mi patrón Abraham. Voy a quedarme junto a la fuente, ahora que las muchachas vienen a buscar agua. La joven a quien yo le dijere: inclina tu cántaro para que yo pueda tomar agua, y ella me respondiere: toma y voy también a dar de beber a tus camellos, haz que sea ella la que Tú has destinado a Tu servidor Isaac. Dame a conocer de este modo Tu cariño para con mi patrón».

«No había terminado de hablar cuando salió Rebeca con su cántaro al hombro. Era hija de Batuel, hijo del hermano menor de Abraham. La joven era muy bella; era virgen, pues no había tenido

contacto con ningún hombre. Bajó a la fuente, llenó el cántaro y subió. El hombre corrió a su encuentro y le dijo: dame por favor, un poco de agua de tu cántaro. Ella respondió: bebe señor, y bajando inmediatamente el cántaro sobre su mano, le dio de beber. Y cuando hubo acabado de darle agua le dijo: también voy a sacar agua para tus camellos hasta que se sacien. Vació rápidamente su cántaro en la pila, corrió nuevamente al pozo a sacar agua y trajo para todos sus camellos».

«Entretanto el hombre la contemplaba en silencio, preguntándose si Yahvé había hecho que su viaje tuviera éxito o no. Cuando acabaron de beber los camellos, él tomó un anillo de oro y se la puso a ella en la nariz. Luego dos brazaletes, también de oro, para sus brazos y le dijo: dime por favor ¿de quien eres tú hija? ¿habrá lugar en la casa de tus padres para pasar la noche? Ella respondió: soy la hija de Batuel y nieta de Najor, y prosiguió: también tenemos lugar para hospedarte, y además forraje en abundancia para tus camellos».

«Entonces, el hombre se puso de rodillas y adoró a Yahvé, diciendo: Bendito sea Yahvé, Dios de mi patrón Abraham, pues no ha dejado de mostrar su bondad y fidelidad para con mi señor y me ha encaminado a la casa de los hermanos de mi amo. La joven corrió a casa de su madre para contar lo sucedido».

«Rebeca tenía un hermano llamado Labán. Cuando vio el anillo y los brazaletes y oyó contar a Rebeca: miren lo que me ha dicho ese hombre… fue a buscar al hombre quien estaba de pie junto a los camellos al lado del pozo. Entonces le dijo: ¡Oh bendito de Yahvé! ¿Por qué no entras? He despejado un sitio en la casa y hay cabida para tus camellos. Entonces el hombre entró en la casa y desensilló los camellos, y a él y a sus acompañantes les trajeron agua para lavarse los pies. Luego les ofrecieron comida. Pero él dijo: no comeré mientras no haya expresado lo que debo decir: Labán le dijo: habla».

«Entonces él empezó así: yo soy servidor de Abraham. Yahvé ha favorecido a mi amo y le ha dado muchas riquezas, ganado, ovejas, plata y oro con servidores y sirvientas, camellos y burros. Ahora bien: Sara, su esposa, cuando ya era anciana, le parió un hijo, al cual ha dado cuanto posee. Mi patrón me hizo jurar y me ordenó: no buscarás esposa para mi hijo entre las mujeres cananeas, en cuyo país vivimos, sino que tú irás a la tierra de mi padre y buscarás en mi familia una esposa para mi hijo. Entonces respondí: ¿y si ella no quiere seguirte? Él me contestó: Yahvé a quien he servido siempre

*te mandará a Su Ángel para que te acompañe, y resulte tu viaje;
tomarás mujer para mi hijo de mi parentela y de la casa de mi padre:
y así quedarás libre de mi maldición. Además, si cuando llegues allá
no quieren dártela, también quedarás libre de mi maldición».*

*«...Ahora díganme si están dispuestos a ser buenos y fieles con
mi patrón, pues, en caso contrario, me volveré o por la derecha o
por la izquierda».*

*«Labán y Batuel dijeron al mayordomo de Abraham: se ve que la
mano de Yahvé está en todo esto. No podemos oponernos. Ahí está
Rebeca, llévatela. Sea la esposa del hijo de tu patrón como lo ha
mandado Yahvé. Cuando el servidor de Abraham oyó lo que le decían, se echó en tierra a adorar a Yahvé. Luego sacó joyas de oro y
plata y vestidos, dándolos a Rebeca. Hizo también buenos regalos a
su hermano, a su madre y familiares. Luego él y sus acompañantes
comieron, bebieron y durmieron allí».*

*«A la mañana siguiente cuando se levantaron, les dijo: permítan-
me volver donde mi señor. Entonces el hermano y la madre de Rebeca
dijeron: la joven se quedará todavía unos cuantos días más con nosotros y después se irá. Pero él les contestó: puesto que Yahvé hizo
mi viaje exitoso, no me atrasen, déjenme irme a la casa de mi patrón. Ellos le dijeron: llamemos a la joven y pidámosle su parecer.
La llamaron y le preguntaron: ¿quieres irte con este hombre? Sí, me
voy, contestó. Entonces dejaron partir a Rebeca y a su nodriza, con
el servidor de Abraham y con sus hombres. Bendijeron a Rebeca
diciendo: hermana nuestra, que tengas hijos y descendientes millares y millares, y tus descendientes dominen a sus enemigos».*

*«Entonces, se levantó Rebeca y sus criadas, montaron en sus ca-
mellos y siguieron al mayordomo de Abraham. Así es como se llevó
a Rebeca y partió».*

*«Isaac acababa de llegar del pozo de Lajay-Roi, pues vivía en el
país del sur. Al atardecer, como salía a dar un paseo por el campo,
levantando la vista, vio acercarse unos camellos. Cuando Rebeca lo
vio se bajó del camello y dijo al mayordomo: ¿Quién es aquel hombre que viene por el campo hacia nosotros? Éste respondió: es mi
patrón. Ella tomó el velo y se tapó el rostro».*

*«El mayordomo contó a Isaac, su señor, todo lo sucedido. Isaac
introdujo a Rebeca a su tienda de campaña que había sido de su
madre Sara. La hizo suya y fue su esposa. La amó y así se consoló
de la muerte de su madre».*

Los Ángeles en la Vida de Jacob

Jacob era hijo de Isaac y nieto de Abraham. Su madre Rebeca, tuvo gemelos: Esaú y Jacob. La historia de Esaú y Jacob, es muy conocida. Fue Esaú quien vendió su primogenitura a su hermano Jacob, por un plato de lentejas. Luego de que Jacob, con engaño logra la bendición como primogénito de su padre ya ciego por los años, se ve obligado a huir de la ira de su hermano.

«Y salió Jacob de Beer-seba, y se fue a Harán; y encontró un lugar donde dormir porque el sol ya se había puesto; y tomó de las piedras de aquel paraje y puso a su cabecera y acostóse en aquel lugar. Soñó, y he aquí una escalera apoyada en la tierra y la parte superior de la escalera tocaba el cielo; Ángeles de Dios subían y descendían por ella. Jehová estaba en lo alto de ella, el cual dijo: Yo Soy Jehová el Dios de Abraham tu padre y el Dios de Isaac; la tierra en que estás acostado, te la daré a ti y a tu descendencia».

«Y será tu simiente como el polvo de la tierra... Yo estoy contigo y te guardaré donde quiera que fueras... y despertó Jacob de su sueño y dijo: ciertamente Jehová está en este lugar y yo no lo sabía...».

«Siguió Jacob su camino y llegó hasta un pozo en el campo... juntábanse allí todos los rebaños y Jacob les preguntó a los pastores conocéis a Labán, [su tío hijo de Nacor], ellos le dijeron si, lo conocemos; y he aquí Rachel su hija viene con el ganado. Estando aún hablando con ellos, Rachel vino con el ganado de su padre, pues ella era la pastora».

«Y sucedió que como Jacob vio a Rachel, hija de Labán, hermano de su madre... besó a Rachel y alzó su voz y lloró. Jacob dijo a Rachel, cómo él, era hijo de Rebeca; ella corrió y dio las nuevas a su padre. Así que oyó Labán, las nuevas de Jacob, hijo de su hermana, corrió a recibirlo y a abrazarlo. Lo besó y lo trajo a su casa».

«...Y Labán le dijo: ciertamente hueso mío y carne mía eres. Y estuvo con él, el tiempo de un mes. Entonces, dijo Labán a Jacob: ¿por ser tú mi hermano, me has de servir de balde? declárame cuál será tu salario... Y Jacob amó a Rachel y dijo: yo te serviré siete *años por Rachel tu hija menor. Y Labán le respondió: mejor es que te de la dé a ti, y no, a otro hombre; estate conmigo. Así sirvió Jacob por Rachel, siete años, y pareciéronle como pocos días porque la amaba».*

«Y dijo Jacob a Labán: dame mi mujer porque mi tiempo es cumplido, para que cohabite con ella». Labán lo engaña y le da a su primera hija. Luego de descubierto el engaño, Jacob acepta servirle otros siete años más por Rachel, al cabo de estos otros siete años, al fin se casa con Rachel.

Junto con las dos esposas y las criadas de éstas quienes también le fueron dadas por mujeres, según era la costumbre, Jacob quiso regresar a la tierra de su padre. Labán le pidió se quedase e hicieron un pacto: de allí en adelante, las ovejas y el ganado nacidos de color variado o manchado, serían para Jacob. Las otras para Labán. Al acrecentar tanto el ganado de Jacob, los hijos de Labán murmuraban contra él y también se dio cuenta que su tío Labán, ya no le tenía cariño.

Antes de marcharse, le dijo: *«He estado veinte años en tu casa: catorce años te serví por tu dos hijas y seis años por tu ganado; y has mudado mi salario diez veces. Si el Dios de mis padres no estuviera conmigo, de cierto me enviarías ahora vacío; vio Dios mi aflicción y el trabajo de mis manos, y reprendióte anoche».*

«Jacob se fue y saliénronle al encuentro Ángeles de Dios, dijo Jacob cuando los vio: el campo de Dios, es este. Luego acercándose a su tierra, tuvo miedo de su hermano Esaú y le mandó mensajeros con presentes. Por último, le envió a todos sus criados con todas sus posesiones y se quedó con sus mujeres y sus once hijos. Los hizo pasar por un vado de un arroyo, y se quedó solo. Y luchó con él, un varón, hasta el amanecer. Como vio que no podía con él, tocó el sitio del encaje del muslo, y descoyuntóse el muslo de Jacob, mientras él está luchando. Y dijo [el que peleaba con Jacob] déjame que raya el alba Y él [Jacob] contestó no te dejaré sino me bendices».

«Y él [el Ángel retador] dijo: no se dirá más tu nombre Jacob, sino Israel: porque has peleado con Dios y con los hombres, y los has vencido. Entonces, Jacob le preguntó: declárame ahora tu nombre. Y él respondió: ¿Porqué preguntas por mi nombre? Y allí lo bendijo. Y llamó Jacob a aquel lugar, Peniel: porque vi a Dios cara a cara y fue librada mi alma».

Aquí encontramos también, una disparidad de criterios o error de interpretación. De acuerdo a todas las leyendas, Jacob, pasó toda la noche peleando con un Ángel. Según lo que podemos leer, él mismo se da cuenta de que es un espíritu de bien, por esto, además de pedirle su nombre, lo exhorta a bendecirlo. Por otra parte, quien escribe pone en boca de Jacob la frase: *«Porque vi a Dios cara a cara»*, cosa absurda. Como ya se ha comentado a lo largo de este libro.

Y los hijos de Jacob crecieron y pasaron varias aventuras porque su única hija Dina, fue mancillada. Luego de tomar venganza por este hecho los hijos de Jacob, éste por temor, decide irse del lugar. *«Y dijo Dios a Jacob: sube a Beth-el y estate allí: haz un altar al Dios que te apareció cuando huías de tu hermano Esaú... partieron y el terror de Dios fue con todas las ciudades que había en los alrededores, y no siguieron a los hijos de Jacob».*

«Y aparecióse otra vez Dios a Jacob cuando se había vuelto de Padanaran y bendíjole Dios: tu nombre es Jacob. No se llamará más tu nombre Jacob, sino Israel será tu nombre... Y díjole Dios: Yo Soy el Dios Omnipotente: crece y multiplícate».

Después de esta aparición, Jacob continúa su vida nómada. Rachel tiene un parto difícil y muere dando a luz al último de sus hijos quien fue llamado Benjamín. Es por esto que tenemos la costumbre de referirnos al último de los hijos, como al Benjamín de la familia. Así, con Benjamín completó Israel doce hijos, los que fueron las cabezas de las doce tribus de Israel.

Como hemos podido ver, Jacob-Israel, fue un hombre predestinado para ser el padre, el príncipe de un gran pueblo: Israel. Y también porque durante su vida, siempre estuvo no solamente acompañado por Dios, y sus Ángeles, sino viéndolos (a los Ángeles) y escuchándolos.

> *«No dejes que tu boca te haga pecar;*
> *ni vayas a decir después al Ángel*
> *que fue por ignorancia».*

(Eclesiastés 5: 5).

COMUNICACIONES A JOSÉ
A TRAVÉS DE LOS SUEÑOS

El sueño es otra forma, medio o canal, utilizado por la Divina Providencia y los Ángeles, para comunicarse con nosotros los seres humanos. A lo largo de la Biblia, podemos leer en varios de los libros, cómo el mensaje de la Divinidad, es enviado a través de metáforas presentadas en el sueño. Si analizamos bien estos sueños, no indican que cada cosa en sí, tenga un significado fijo o permanente. Por ejemplo: espigas, o estrellas, o vacas, etc. El sueño tiene el sentido o motivo en conjunto, de acuerdo a la acción desarrollada en el mismo, y en concordancia con las vivencias de cada persona. Para una puede significar una cosa, y para otra, todo lo contrario. Por esto, no estoy de acuerdo con esos libros donde dicen que descifran o ayudan a descifrar los sueños, y ponen como un diccionario, dándole un significado caprichoso a cada palabra.

En nuestros talleres enseñamos a los asistentes a pedir a los Ángeles, especialmente a los Ángeles del sueño, que les revelen algo. La repuesta a veces viene en forma un poco difícil de entender. Se debe analizar bien el sueño, ya que sólo el que sueña, es quien puede descifrar su propia experiencia. Esto está comprobado por todas las escuelas de psicología y psiquiatría, desde Freud hasta nuestros días.

José, el penúltimo de los hijos de Jacob, es presentado en la Biblia, como el más importante de sus doce hermanos. Sus sueños nos indican que no son pura casualidad, sino causalidad. El va a representar un papel muy importante para su familia y para su pueblo.

Cuando José tenía diecisiete años, se dedicaba a cuidar las ovejas de su padre, junto con sus hermanos. *«Israel [Jacob] quería a José más que a todos sus otros hijos, pues lo había tenido en su vejez. Le había hecho una túnica con mangas. Sus hermanos, viendo la preferencia de su padre por José, comenzaron a odiarlo, llegando hasta a no querer conversar con él».*

«Tuvo José un sueño y se lo contó a sus hermanos: miren, les dijo, el sueño que tuve: estábamos nosotros en el campo, cuando

mi gavilla comenzó a levantarse y permanecía en pie, mientras que las de ustedes, la rodeaban y se inclinaban ante la mía. Sus hermanos le dijeron: ¿esto quiere decir acaso que tú vas a reinar sobre nosotros, o que deseas mandarnos? Y lo aborrecieron aún más a causa de sus sueños y de sus palabras».

«*Tuvo José otro sueño y también se los contó: me parecía que el sol, la luna y once estrellas se postraban ante mi. Su padre quien también le escuchaba, lo reprendió. ¿Acaso, yo, tu madre y tus hermanos deberemos postrarnos ante ti?».*

Una vez, José por mandato de su padre, fue a buscar a sus hermanos. Estos «*al verlo desde lejos y antes de llegar se pusieron de acuerdo para matarlo. Allá viene el soñador, dijeron; vamos pues a matarlo, lo echamos en un hoyo cualquiera y diremos que un animal feroz lo devoró ahí, vamos a ver en dónde quedan sus sueños».*

«*Al oír esto Rubén, quiso salvarlo y les dijo: no lo matemos, ni derramemos su sangre. Echémosle a ese pozo del desierto, pero no pongan las manos sobre él. Esto lo hacía para librarlo de ellos, y devolverlo luego a su padre. Cuando José llegó junto a ellos, le sacaron la túnica con mangas que llevaba puesta, lo tomaron y lo arrojaron a un pozo sin agua».*

«*Se sentaron para comer, y alzando los ojos, vieron una caravana de ismaelitas procedente de Galaad y cuyos camellos iban cargados de estoraque* [la resina muy olorosa de este árbol, se usa en perfumería y en medicina] *y otras especies que llevaban a Egipto. Dijo entonces Judá a sus hermanos: ¿qué sacaríamos con matar a nuestro hermano y ocultar su muerte? Mejor vendámoslo a esos ismaelitas y no lo matemos, pues es nuestro propio hermano. Los otros hermanos estuvieron de acuerdo».*

«*...Entonces, los hermanos de José, lo vendieron por veinte monedas de plata.* [Los ismaelitas llevaron a José a Egipto]. *Cuando Rubén llegó al pozo y no vio a José, rasgó sus vestidos, fue donde sus hermanos y dijo: el muchacho ya no está ¿y qué hago ahora? Entonces, tomaron la túnica de José, y degollando un cabrito, la tiñieron con sangre. La llevaron a su padre Jacob* [Israel] *y le dijeron: esto hemos encontrado. ¿No será la túnica de tu hijo?».*

«*Jacob la reconoció y exclamó: es la túnica de José. Algún animal feroz lo ha devorado. Ha sido despedazado. Desgarró sus vestidos, se vistió con un saco e hizo duelo por su hijo durante muchos días. Todos sus hijos e hijas acudieron a consolarlo, pero él decía:*

quiero descender enlutado donde mi hijo, al lugar de los muertos. Entre tanto, José fue vendido a Putifar, funcionario del palacio del Faraón, y capitán de la guardia. Yahvé favoreció a José en Egipto, y por eso le iba bien en todo. El egipcio vio que Yahvé asistía a José y que prosperaba en sus manos todo cuanto emprendía. José le cayó en gracia a su amo, quien lo retuvo junto a él, lo hizo mayordomo de su casa y le confió todo cuanto tenía. Desde ese momento, Jehová bendijo la casa del egipcio, en consideración a José».

José era muy apuesto y varonil; la esposa de su amo, empieza a perseguirlo sexualmente; José se niega rotundamente y ella al verse rechazada, inventa una patraña contra José. El amo de éste, creyendo lo dicho por la mujer, lo manda preso. «Pero Yahvé lo asistió y lo trató con misericordia. Hizo que cayera en gracia al director de la cárcel. Éste le confió el cuidado de los presos. Todo cuanto allí se hacía, José lo dirigía».

Sucedió que el copero y el panadero del rey de Egipto (el Faraón) cometieron unas faltas contra su rey, y fueron hechos presos, bajo la custodia del capitán de la guardia. Estos hombres la misma noche, tuvieron un sueño. Cuando José vino por la mañana a verlos, se dio cuenta de su preocupación. Les preguntó la causa de su temor y ellos le contaron que era por sus sueños. «Sólo Dios puede dar la interpretación de un sueño; sin embargo, cuéntenme lo que soñaron».

«El jefe de los coperos contó primero su sueño de esta forma: Soñaba que había frente a mí una parra [mata de uva] con tres sarmientos [rama o vástagos de la vid o uva] y en cuanto brotaron, apareció su flor y maduraron los granos de los racimos. Tomé los racimos y los estrujé en la copa del Faraón y puse la copa en manos del Faraón. José le respondió: esto es lo que quiere decir tu sueño: los tres sarmientos significan tres días que todavía faltan; después de ellos, Faraón se acordará de ti, y te pondrá en tu puesto nuevamente, y volverás a colocar la copa en manos del Faraón, igual que antes. Acuérdate de mí, cuando vuelvas a recuperar tu puesto y háblale por favor al Faraón de mí, para que me mande a sacar de esta cárcel».

«Al ver el jefe de los panaderos que José había dado una interpretación favorable, le dijo: voy a contar ahora mi sueño: había tres canastos de pan blanco sobre mi cabeza; en el canasto de arriba, estaban tres clases de pasteles: los favoritos del Faraón; pero venían los pájaros y se comían todo lo que había en el canasto colocado sobre mi cabeza. Le respondió José. Este es el significado: los tres canastos son tres días, al término de los cuales, Faraón te cortará la cabeza; te colgará de un árbol, y las aves vendrán a comer tu carne».

«Al tercer día, era el cumpleaños del Faraón y dio un banquete a todos sus servidores y cuando estuvo con ellos, se acordó del jefe de los que preparaban las bebidas y del jefe de los panaderos. Devolvió al jefe de los coperos a su antiguo puesto, y al jefe de los panaderos lo hizo colgar, tal como José lo había interpretado. El jefe de los coperos no se volvió a acordar de José».

«Dos años después, Faraón tuvo este sueño: estaba en la orilla del Nilo, cuando vio salir del río siete vacas hermosas y muy gordas, que se pusieron a pastar entre los juncos. Detrás de ellas salieron otras siete vacas feas y flacas y se colocaron al lado de las primeras junto a la orilla del Nilo. Y estas vacas feas y flacas, se comieron a las siete vacas gordas y hermosas. Faraón despertó y al volverse a dormir, tuvo otro sueño: soñó que siete espigas granadas y buenas, salían del mismo tallo; pero después de éstas, brotaban otras siete delgadas y quemadas por el viento, y se tragaban a las siete granadas y repletas. Despertó Faraón y se dio cuenta que era un sueño».

«A la mañana siguiente, Faraón se levantó muy preocupado. Mandó a llamar a todos los adivinos y sabios de Egipto y les contó sus sueños, pero nadie le pudo dar una explicación. Entonces, el jefe de los que preparan las bebidas, dijo a Faraón: voy a recordar una falta mía y le cuenta sobre José. Faraón entonces, manda a llamar a José. Fue sacado rápidamente de la cárcel. Lo cambiaron de ropa, lo bañaron y afeitaron para presentarlo a Faraón».

«Faraón dijo a José: he tenido un sueño y nadie ha podido explicármelo. He oído que a ti te basta con que te cuenten un sueño para explicarlo. A lo cual, José respondió. No soy yo, es Dios, quien te dará una respuesta favorable. Faraón refirió su sueño a José, Éste respondió al Faraón: tu sueño es uno sólo. Dios te ha anunciado lo que Él va a hacer. Las siete vacas hermosas, y las espigas granadas [cargadas de grano] son siete años de abundancia. Las siete vacas raquíticas, que salieron después, son siete años de hambre. Vendrán siete años de abundancia en los cuales habrá de todo en Egipto, pero enseguida, vendrán siete años de escasez haciendo olvidar toda la abundancia anterior».

«Si el sueño se te presentó dos veces, esto quiere decir que Dios está muy decidido a realizar estas cosas y pronto las cumplirá. José aconseja al Faraón, sobre las medidas a tomar y éste le nombra Primer Ministro. Durante los siete años de grandes cosechas, hubo gran abundancia y José reunió todos los víveres y los depositó en las ciudades. En cada ciudad, se guardaban los productos del campo de los alrededores. José juntó tanto trigo, como la arena del mar; a tal punto, que pararon de contabilizar, porque superaba todo cálculo».

«Pasados los siete años de abundancia en Egipto, llegaron los siete años de sequía, según lo anunciado por José. Hubo hambre por todos los países, pero en Egipto había pan».

Lo que sigue de la historia de José, es bien conocido. Su padre viene a Egipto a pedir trigo junto con sus hijos. José presenta sus propios hijos a su padre, quien exclama: quien hubiera pensado: yo nunca creí volver a ver tu rostro y no solamente lo estoy viendo, sino tu simiente. Coloca sus manos sobre sus nietos y lo bendice de la siguiente manera:

«El Ángel que me liberta de todo mal, bendiga a estos mozos: y mi nombre sea llamado en ellos, y el nombre de mis padres Abraham e Isaac: Y se multipliquen en gran manera en medio de la tierra» (Génesis 48: 16).

Jacob se queda en Egipto junto con sus hijos; nace la descendencia de los hijos de Jacob, además de los otros judíos que llegaron a Egipto, cuando la invasión de Babilonia. El pueblo hebreo crece mucho y es sometido al servilismo y a la opresión. Moisés los libera sacándolos hacia la tierra prometida.

Algunas conclusiones podemos sacar de lo leido hasta aquí sobre José. Las varias casualidades que El Cósmico crea para lograr sus objetivos. Es necesario que José vaya preso, para conocer al copero del rey, quien lo va a presentar ante el Faraón. Otra cosa muy importante: José le dice al Faraón una verdad estudiada en metafísica: *«si el sueño se te presentó dos veces, esto quiere decir que Dios está muy decidido».* Imaginemos si el sueño se hubiera presentado tres veces...

LOS ÁNGELES EN EL ÉXODO

Por los años 1300 antes de Cristo, ya se estaba terminando el reinado del legendario Faraón Amenhotep II. Durante su gobierno, proliferaron las grandes construcciones de numerosos y magníficos templos, lugares funerarios y palacios, que exigieron muchos sacrificios a su pueblo.

Por ese entonces, en la provincia de Gosén, vivían las tribus hebreas originarias de Babilonia asentadas allí, junto con sus rebaños, desde hacía cuatrocientos años. Entre estas tribus hebreas, están los descendientes de los doce hijos de Jacob (Israel), vástagos de Abraham. Esta gente, durante su permanencia en Egipto, poco a poco fue siendo sometida por los egipcios. Los hombres tuvieron que trabajar como obreros en las construcciones de las obras públicas, fabricando millones de ladrillos, siendo tratados como esclavos, dentro de un sistema perfectamente organizado. Este sufrimiento y vejaciones, hacen pensar a muchos judíos, en volver a las tierras de sus antepasados.

Es el momento en que el pueblo judío clama a su Dios y Dios les responde ayudándolos a salir hacia la tierra prometida. Aquí en estos relatos, también podemos ver que cada hecho engrana en el otro, para poder llegar al resultado final. Vemos como la Providencia tiene sus métodos, sus modos, sus caminos para alcanzar un fin predeterminado.

Éxodo quiere decir salida. A partir del Éxodo, Israel queda identificado y aglutinado por siempre con Dios; es diferente a los demás pueblos de la tierra.

Ya vimos al inicio de este libro, como el Ángel de Jehová se aparece a Moisés, el hombre escogido para liberar al pueblo de Israel. En la época en que nació Moisés, el Faraón reinante se olvidó de lo importante que había sido José para su antepasado el Faraón y para Egipto. Quiso disminuir la población hebrea con un sistema un poco singular. La orden era: cuando nazca a una hebrea, un varón, «Háganlo morir»; si es niña, déjenla con vida. Al nacer Moisés, la madre lo oculta entre las cañas que estaban en la orilla del río Nilo, donde la hermana de Faraón acostumbraba ir. Deja a una hermana mayor de Moisés, vigilándolo, a cierta distancia. La hermana del Faraón, lo encuentra, se da cuenta que es un hebreo, y decide salvarlo. La hermana de Moisés, le propone a la princesa, conseguirle una nodriza entre las mujeres hebreas, para amamantar al niño. Accede la egipcia, y es buscada la misma madre de Moisés. Al crecer Moisés, se da cuenta en el estado de esclavitud e injusticia en que viven sus hermanos de raza. Se casa con una de las hijas de Ragüel, sacerdote de Madián y tiene un hijo llamado Jerson. Después comienzan los encuentros de Moisés con la majestad de Dios y es cuando La Divinidad le hace saber que lo ha escogido para sacar de Egipto al pueblo hebreo. Son conocidos los varios mensajes enviados al Faraón, para que dejara salir a los judíos, las negativas del rey, y los castigos acaecidos a los egipcios. Primero las siete plagas de Egipto, y luego en la noche de la Pascua, la muerte de todos los primogénitos de los egipcios, comenzando por el príncipe heredero del Faraón.

Cuando salieron los israelitas, después de cuatrocientos treinta años en Egipto, se llevaron también los huesos de José, quien había pedido ser enterrado en la tierra de sus padres.

También es conocido el sinnúmero de milagros hechos por Dios durante el largo éxodo que pasó el pueblo hebreo antes de llegar a la tierra prometida. En los capítulos respectivos, hemos visto los Ángeles encargados de guiar y alumbrar en la noche, de dar sombra durante el día, de alimentar a un pueblo superior a los seiscientos mil hombres, de separar las aguas del Mar Rojo, etc.

Yahvé expresó su voluntad de tener un templo y dio las instrucciones precisas cómo debería ser. Y las siguientes, son las veces que Dios mencionó a sus Ángeles dando especial importancia y demostrando así, la relevancia de los Ángeles, en la corte celestial.

«Tomó también consigo Moisés los huesos de José, el cual había juramentado a los hijos de Israel, diciendo: Dios ciertamente os visitará, y haréis subir mis huesos de aquí con vosotros» (Éxodo 13: 19).

«El que sacrificare a dioses, excepto a sólo Jehová, será muerto. Y al extranjero no engañarás ni angustiarás, porque extranjeros fuisteis vosotros en la tierra de Egipto. A ninguna viuda, ni huérfano afligiréis» (Éxodo 22: 20 al 22).

«Harás también dos Querubines de oro, labrados a martillo; los harás, en los dos cabos de la cubierta».

«Harás pues, un Querubín al extremo de un lado y un Querubín

al otro extremo del lado opuesto: de la calidad de la tapa harás los Querubines en sus dos extremidades. Y los Querubines extenderán por encima las alas, cubriendo con sus alas el recubrimiento; sus caras la una frente de la otra, mirándolo. Y pondrás la cubierta encima del arca, y en el arca introducirás el testimonio que yo te daré».

«Y de allí me declararé a ti, y hablaré contigo de sobre la cubierta, de entre los dos Querubines que están sobre el arca del testimonio» (Éxodo 25: 18 al 22).

«Y harás el tabernáculo de diez cortinas de lino torcido, cárdeno, y púrpura, y carmesí; y harás Querubines de obra delicada» (Éxodo 26: 1).

«Ve pues ahora, lleva a este pueblo donde te he dicho; he aquí mi Ángel irá delante de ti» (Éxodo 32: 34).

«Y Yo enviaré delante el Ángel, y echaré fuera al cananeo, al amorrheo, y al hetheo, y al pherezeo, y...» (Éxodo 33: 2).

Serafín Alado

El Lugar de las Citas Divinas

Después que Yahvé perdonó muchas veces al pueblo infiel, y le dio tantas demostraciones de amor, la Biblia dice: entonces, Moisés tomó la tienda de campaña y la plantó a cierta distancia, fuera del campamento. La llamó Tienda de las Citas Divinas; y quien quería consultar a Yahvé, debía ir hasta allá. Cuando Moisés iba a la *Tienda de las Citas Divinas*, todo el pueblo se ponía de pie a la entrada de sus carpas y los ojos de todos lo seguían, hasta que ingresaba en ella

«*Y al entrar Moisés en la tienda, la nube en forma de columna bajaba y se detenía en la puerta de la Tienda, mientras Yahvé hablaba a Moisés. Cuando el pueblo veía la nube parada junto a la entrada de la Tienda, todos se ponían de pie y luego se postraban cada uno ante su carpa. Yahvé hablaba con Moisés cara a cara, como habla un hombre con su prójimo. Después Moisés volvía al campamento, pero su ayudante, el joven Josué hijo de Nun, cuidaba la tienda*».

«*Moisés le dijo a Yahvé por favor, déjame ver tu gloria. Yahvé le contestó: toda mi bondad va pasar delante de ti, y Yo mismo pronunciaré ante ti el nombre de Yahvé. Pues tengo piedad de quien quiero, y doy mis favores a quien los quiero dar. Y agregó Yahvé: pero mi cara no la podrás ver, porque no puede verme hombre y seguir viviendo. Mira este lugar junto a Mí. Te vas a quedar de pie sobre la roca y al pasar mi gloria, te pondré en el hueco de la roca y te cubriré con Mi mano y tú, entonces, verás Mi espalda; pero Mi cara, no se puede ver*».

«*Yahvé dijo a Moisés: labra dos tablas de piedra parecidas a las primeras, y yo escribiré las palabras que había en las primeras que tú rompiste. Prepárate para subir mañana temprano al monte Sinaí: ahí esperarás en la cima. Ninguno suba contigo, ni aparezca nadie en todo el monte. Ni siquiera oveja o buey paste en los alrededores...*».

«*Yahvé bajó en una nube y pronunció el nombre de Yahvé. Luego pasó delante de Moisés y dijo con voz fuerte: Yahvé, Yahvé es un Dios misericordioso y clemente, tardo en la cólera y rico en amor y fidelidad. El mantiene su benevolencia por mil generaciones y soporta la falta, la rebeldía y el pecado...».*

«Cuando Moisés bajó del Monte Sinaí, tenía en las manos las dos tablas... y no sabía que su cara resplandecía. Aarón y los hijos de Israel miraron a Moisés y vieron su cara resplandeciente: entonces sintieron miedo de acercarse junto a él. Cuando Moisés terminó de hablar con ellos, se puso un velo en la cara. Cada vez que Moisés se presentaba a hablar con Yahvé, se sacaba el velo. Al salir se lo volvía a poner. Una vez fuera, comunicaba al pueblo lo ordenado por Yahvé; y los israelitas podían ver la cara resplandeciente de Moisés. Luego, Moisés volvía a ponerse el velo, hasta que entraba a hablar con Yahvé de nuevo».

Otra vez, como en la mayoría de los escritos de la Biblia, encontramos contradicciones en los relatos. Analicemos las contradicciones del Éxodo. El libro del Éxodo, fue redactado por los mismos que escribieron el Génesis. También se le añadieron varios párrafos de mano de los sacerdotes israelitas. La Biblia titulada *La Nueva Biblia Latinoamericana* de Ediciones Paulinas, al respecto, en la página 68 dice textualmente: «¿Debemos creer que todo sucedió como está relatado en el Éxodo? Hay que hacer una distinción. El escritor más antiguo, el amigo de David, compuso su relato a partir de varios documentos que ya eran para él, muy antiguos y que tienen gran cantidad de valor histórico, aún cuando a veces describen lo sucedido, con alguna «ampliación poética». En los párrafos o capítulos escritos más tarde por el eloísta, ya no podemos contar con la misma exactitud, a pesar de que contienen los recuerdos de las tribus de Leví y de José, las que fueron más fieles a la memoria de Moisés. No nos extraña que las generaciones posteriores hayan tomado libertades para escribir la historia del desierto. Pues los profetas y sacerdotes de Israel, sabían que los acontecimientos del Éxodo tenían valor de ejemplo para sus contemporáneos y por eso los contaron a veces de manera que éstos pudieran sentirse interpretados en los sucedido» (fin de la cita).

En este capítulo, se encuentran las contradicciones más grandes de la Biblia. Quienes escribieron el Éxodo, aseguran que *«Moisés hablaba con Dios cara a cara»*, como dos seres humanos comunes y corrientes. Luego, cuando Moisés es llamado para entregarle el segundo juego de las Tablas de la Ley, Moisés le pide a Dios se deje ver. Le dice que lo quiere conocer. Indica así que nunca antes lo había visto. ¿Y cuál es la respuesta de Dios? Que no lo puede ver, porque ningún ser vivo con carne de esta tierra, está en capacidad de ver a Dios. Dios le dice «*te dejaré ver parte de Mi gloria*».

Es decir, como una estela de su energía, y sin embargo, le advierte: cuando vaya a pasar esa estela, esa onda, Moisés debe esconderse debajo de una piedra. La historia dice que Moisés quedó ciego algunos días y con su rostro incandescente. Dios incluso prohibió la presencia de animales en las cercanías, para evitar que éstos fueran alcanzados por la gran energía divina. Esto pues, nos demuestra que, Dios utilizó en todos los encuentros con los personajes bíblicos, a sus mensajeros: a los Ángeles. A través de ellos, entregó todos los mensajes y lo continúa haciendo. Es muy posible que en el lugar denominado «La Tienda de las Citas», se encontrara Moisés con el Ángel de Jehová, o con un Elohim, con quienes sí pudo hablar cara a cara, por ser Moisés un avatar, un maestro escogido. También es nombrada la nube que se colocaba ante o sobre la tienda: uno o varios Ángeles en forma de nube.

Esto también nos confirma lo manifestado por los Ángeles en revelaciones recientes: debemos determinar un lugar para reunirnos con ellos. Este sitio se irá impregnando de cierta clase de vibraciones, que harán más fácil la afinación de las nuestras para alcanzar las del reino angelical y así, lograr una comunicación más accesible con nuestros amados hermanos los Ángeles de Dios.

«Jehová afirmó en los reinos Su trono;
y Su reino domina sobre todos.
Bendecid a Jehová vosotros
Sus Ángeles, poderosos en fortaleza
que ejecutáis Su palabra,
obedeciendo a la voz de Su precepto».

«Bendecid a Jehová, vosotros todos
Sus Ejércitos, Ministros Suyos que
hacéis Su voluntad».

(Salmo 103).

Los Ángeles en los Libros de Samuel

Hemos dado un salto grande desde El Éxodo, hasta estos libros. No porque los Ángeles no aparecieran el Levítico, Números y el Deuteronomio, sino porque casi todo párrafo en estos libros comienza así: «Y Jehová dijo a Moisés». Eso no es cierto. Jehová a través de sus Ángeles o del Ángel de Jehová, dijo a Moisés, y así le entregó todas las leyes de ética y moral, leyes de civismo y religiosas. Le dio la organización para la casta religiosa. Los dos libros del Deuteronomio, son totalmente dedicados a mencionar los reyes que gobernaron a Israel.

En el primer libro de Samuel, está la historia de Anna y Elcana, ya descrita al comienzo de esta obra. Luego, la de Samuel y David. En el primer libro, en el capítulo 30, podemos ver a David a través del sacerdote consultando a Jehová y éste le responde. Pero no dice la Biblia que haya hablado con Jehová. Es posible que en una meditación… Dios le haya iluminado y así comunicado lo que debía hacer.

En el segundo libro de Samuel, en el capítulo 2, dice: «*David consultó a Yahvé: ¿debo subir a una de las ciudades de Judá? La indicación fue: a Hebrón.* Lacónica, como son la mayoría de las respuestas procedentes del mundo espiritual. Aquí tampoco dice que David haya hablado cara a cara con Dios.

Antiguamente, había un solo libro de Samuel. Ahora, está dividido en dos. Este texto representa la tercera parte o tercera etapa en la historia de Israel. Cuando lo comienzan, el pueblo hebreo no es dueño todavía de la tierra de Canaan, pero ya, se han acostumbrado a la vida sedentaria, campesina, luego de haber sido pastores errantes durante cuarenta años. Esta vida, que podríamos llamar bucólica, se ve amenazada por las incursiones de los filisteos y sus otros vecinos enemigos. En su afán por parecerse a los otros pueblos, piden a Dios, un rey.

David fue el segundo rey de Israel, padre de Salomón. La historia de David, es muy pormenorizada en la Biblia.

«*Una vez tomada la ciudad de Jerusalén por el rey David, donde reinó por treinta y tres años sobre Judá e Israel, y ya establecido en la ciudad, el rey decidió ir a buscar el Arca de la Alianza, para lo cual reunió los mejores hombres: treinta mil y salió para Judá. Pu-*

sieron el arca de Dios en una carreta nueva».

«Y levantóse David y fue con todo el pueblo que tenía consigo, de Baal de Judá, para hacer pasar de allí el Arca de Dios, sobre la cual era invocado el nombre de Jehová de los Ejércitos que mora en ella [el arca] entre los Querubines» (Samuel 6: 2).

Luego de haber llevado el arca a Jerusalén, David se preocupa y dice al profeta Natan: «Yo vivo en una casa cubierta de madera de cedro, mientras que el Arca de Yahvé está en una tienda de campaña». Pero aquella misma noche, Yahvé comunicó su respuesta: el templo sería construido por el hijo de David.

El libro de Samuel, trae unos cantos de alabanza de David para Dios. En uno de ellos, refiriéndose a Dios, dice:

«Subió sobre el Querubín y voló: aparecióse sobre las alas del viento» (Samuel 22: Samuel II).

También la gente de esa época estaba tan acostumbrada a los Ángeles, que al igual que hoy en día, para referirse a una persona con cualidades excepcionales, la comparaban con un ser angélico, como en estas dos citas, refiriéndose al rey David.

«Tu sierva pues dice: sea ahora la respuesta de mi señor el rey para descanso; pues mi Señor el rey es como un Ángel de Dios para escuchar lo bueno y lo malo» (2 Samuel 14: 17).

«Empero él revolvió a tu siervo, delante de mi señor el rey; más mi señor el rey es como un Ángel de Dios: haz pues lo que bien te pareciere» (2 Samuel 19: 27).

«Alabadle, vosotros todos Sus Ángeles:
Alabadle, vosotros todos Sus ejércitos».

(Salmo 148: 2).

Los Ángeles en los Libros de los Reyes

Tal como quedó asentado en el concilio que la iglesia católica llamó Vaticano II: «Prácticamente no hay una página de la Biblia donde no se hable de los Ángeles». También en los libros de los Reyes, se menciona frecuentemente a los Ángeles, ya sea llamándoles como tales, en sus diferentes categorías (coros), o confundiéndolos con Dios.

«Y oró Ezequías delante de Jehová, diciendo: Jehová Dios de Israel, que habitas entre los Querubines, tu sólo eres Dios de todos los reinos de la tierra» (2 Reyes 19: 15).

Así terminamos con la presencia angelical en los libros históricos de la Biblia, donde como ya está claro, los seres del reino angelical en la mayoría de sus apariciones, son confundidos con Dios. Sin embargo, se les da su verdadero nombre en cualquiera de los coros, apareciendo treinta y siete veces en los siguientes libros: Josué, Jueces, I y II de Samuel, y los de los Reyes (en Biblias antiguas eran tres y ahora son dos libros). La mayoría de las menciones angélicas están en el libro de los Jueces, donde el Ángel de Jehová, quien es más que un Ángel, conversa con Gedeón y Manoa (el padre de Sansón).

Los Ángeles en el Libro de Isaías

Con el libro de los Macabeos, terminan los libros históricos de la Biblia. Me permito copiar textualmente lo que dice sobre los profetas, la *Nueva Biblia Latinoamericana*, editada por Ediciones Paulinas, y voz muy calificada de la iglesia católica. «Hubo profetas desde el día en que Dios habló a los hombres. Porque Dios no tiene boca para hablar, y los profetas son sus portavoces» (Sic).

También destaca: «No faltan en nuestra generación los verdaderos profetas, hombres de Dios y a la vez, visionarios del momento actual» (Sic).

¿Será por esto que en el momento actual hay tantas personas recibiendo mensajes, siendo canales de la palabra divina?

Isaías era un joven hijo de familia, quien es tocado por Dios y elegido Su profeta. Era, como se dice en metafísica: un canal. En el año 740 antes de Cristo, comienza el poderío de la nación de Asur y sus conquistas, que ponen a temblar de miedo a sus vecinos. En este conflicto, desaparece Israel de la región norte. Samaria, su capital de ese momento, es tomada y su población desterrada en el año 720 A.C.

En los años 701 al 691, Senaquerib, rey de Asur, viene a someter a Judá. El rey Ezequías animado por Isaías, resiste y sucede la famosa derrota por mediación milagrosa. Ciento ochenta y cinco mil soldados murieron en una sola noche, en manos de los Ángeles de Dios.

El libro de Isaías fue escrito por él y sus discípulos. Este libro se refiere a todos los desastres sucedidos, están sucediendo y vendrán al pueblo hebreo. Es muy probable que por Isaías se haya acuñado esa frase famosa de «profetas del desastre». También Isaías, hizo la mayoría de las profecías sobre el nacimiento y la vida de Jesús de Nazaret.

«Y voló hacia mí, uno de los Serafines, teniendo en su mano un carbón encendido, tomado del altar con unas tenazas: y tocando con él sobre mi boca, dijo: he aquí que esto tocó tus labios, y es quitada tu culpa, y limpio tu pecado» (Isaías 6: 6 y 7).

«En toda angustia de ellos, él fue angustiado y el Ángel de su faz los salvó: en su amor y en su clemencia los redimió y los trajo, y los levantó todos los días del siglo» (Isaías 63: 9).

Los Ángeles en el Libro de Ezequiel

Aquí narra El profeta otras de sus visiones. «*Y levantóme el espíritu y oí detrás de mi una voz de grande estruendo que decía: Bendita sea la gloria de Jehová. Oí también el crujido de las alas de aquellos* **seres**... *que se juntaban la una con la otra, y el sonido de las* **ruedas** *delante de ellos, y ruido de* **grande ejército**» (Ezequiel 3: 12 y 13).

«*Y he aquí seis varones venían de la puerta que da al aquilón* [norte] *y cada uno traía en su mano un instrumento para destruir. Y entre ellos había un* **varón vestido·de lienzos**, *el cual traía lo necesario para escribir; entraron y se pararon junto al altar de bronce. Y la gloria de Dios, se alzó de sobre el Querubín, encima del cual había estado, y llamó Jehová al* **varón vestido de lienzos**...» (Ezequiel 9: 2 y 3).

«*Y miré, y he aquí en el espacio sobre la cabeza de los Querubines como una piedra de zafiro, semejante a un trono que se mostró sobre ellos. Y habló al* **varón vestido de lienzos**, *y díjole: entra en medio de las* **ruedas** *debajo de los Querubines, e hincha tus manos de carbones encendidos de entre los Querubines y derrama sobre la ciudad. Y entró a vista mía. Y los Querubines estaban a la mano derecha de la casa cuando* **este varón** *entró; y la* **nube** *henchía el atrio de adentro*».

«*Y la gloria de Jehová se levantó del Querubín al umbral de la puerta; y la casa fue llena de la* **nube** *y el atrio se llenó del resplandor de la gloria de Jehová. Y el estruendo de las alas de los Querubines se oía hasta el atrio de afuera, como la voz del Dios Omnipotente cuando habla. Y acontació que, como mandó al* **varón vestido de lienzos**, *diciendo: toma fuego de las* **ruedas**, *de entre los Querubines, él entró, y paróse en medio de las* **ruedas**».

«*Y un Querubín extendió su mano de entre los Querubines, al fuego que estaba a través de los Querubines, y tomó, y puso en las palmas del que estaba* **vestido de lienzos**, *el cual lo atrapó y salióse. Y apareció en los Querubines la figura de una mano humana debajo de sus alas. Y miré, y he aquí cuatro* **ruedas** *al lado de los Querubines, junto a cada Querubín una* **rueda**; *y el aspecto de las* **ruedas** *era como el de piedra de Tarsis*».

*«Las cuatro eran de una forma, como si estuviera una en medio de otra. Cuando andaban, sobre sus cuatro costados giraban: No se tornaban cuando se movían, sino que al lugar adonde se volvía el primero, en pos de él iban; ni se tornaban cuando andaban. Y toda su carne, y sus costillas, y sus manos, y sus alas, y las **ruedas** llenas estaban de ojos alrededor en sus cuatro **ruedas**. A las **ruedas**, oyéndolo yo, se les gritaba: ¡Rueda! Y cada una tenía cuatro rostros».*

*«El primer rostro era de Querubín; el segundo rostro, de hombre; el tercer rostro, de león; el cuarto rostro, de águila. Y levantáronse los Querubines; este es el **animal** que vi en el río de Chebar. Y cuando se movían los Querubines, giraban las **ruedas** junto con ellos; y cuando los Querubines alzaban sus alas para levantarse de la tierra, las **ruedas** también no se volvían de junto a ellos. Cuando se paraban ellos, parábanse ellas, y cuando ellos se alzaban, alzábanse con ellos: porque el Espíritu estaba en ellas».*

*«Y la gloria de Jehová se salió de sobre el umbral de la casa, y paró sobre los Querubines. Y alzando los Querubines sus alas, levantáronse de la tierra delante de mis ojos: cuando ellos salieron, también, las **ruedas** al lado de ellos: Y paráronse a la entrada de la puerta oriental de la casa de Jehová, y la gloria del Dios de Israel estaba arriba sobre ellos. Este era el **animal** que vi debajo del Dios de Israel en el río de Chebar y conocí que eran Querubines. Cada uno tenía cuatro rostros, y cada uno cuatro alas, y figuras de manos humanas debajo de sus alas. Y la figura de sus caras era la de los rostros que vi junto al río de Chebar, su mismo parecer y su ser; cada uno caminaba en derecho de su rostro»* (Ezequiel 10: 1 al 22).

*«Después alzaron los Querubines sus alas, y las **ruedas** en pos de ellos; y la gloria del Dios de Israel estaba sobre ellos encima»* (Ezequiel 11: 22).

*«En visiones de Dios me llevó a la tierra de Israel, y púsome sobre un monte muy alto, sobre el cual había como edificio de una ciudad al mediodía. Y llevóme allí, y he aquí un **varón**, cuyo aspecto era como de metal; y tenía un cordel de lino en su mano, y una caña de medir: y él estaba en la puerta».*

*«Y hablóme **aquel varón**, diciendo: hijo del hombre, mira con tus ojos, y oye con tus oídos y pon tu corazón a todas las cosas que te muestro; porque para mostrárselas te hemos traído aquí. Cuenta todo lo que ves a la casa de Israel. Y he aquí, un muro fuera de la casa: la caña de medir que **aquel varón** tenía en la mano, era de*

seis codos, y midió la anchura del edificio de una caña, y la altura, de otra caña» (Ezequiel 40: 2 al 49).

Y así sigue describiendo pormenorizadamente todo lo referente al templo de Jerusalén.

«Encima de sobre la puerta, y hasta la casa de dentro, y de fuera, y por toda la pared en derredor de dentro y por de fuera, tomó medidas. Y estaba labrada con Querubines y palmas. Entre Querubín y Querubín una palma. Y cada Querubín tenía dos rostros: un rostro de hombre hacia la palma de la una parte, y rostro de león hacia la palma de la otra parte, por toda la casa alrededor. Desde el suelo hasta encima de la puerta había labrados Querubines y palmas, y por toda la pared del templo» (Ezequiel 41: 1 al 20).

Por supuesto que «el **varón** con aspecto de metal» era un ángel, porque no todos tienen alas, y como ya hemos visto, su apariencia es muy diversa, dependiendo el grado de energía de cada uno.

«Y en las puertas del templo había labrados de Querubines y palmas, así como estaban hechos en las paredes, y grueso madero sobre la delantera de la entrada por de fuera» (Ezequiel 41: 25).

«Y he aquí la gloria del Dios de Israel, que venía del oriente; y su sonido era como el de muchas aguas, y la tierra resplandecían a causa de su gloria».

*«Y las visiones eran como la que vi junto al río Chebar; y caí sobre mi rostro. Y la gloria de Jehová entró en la casa por la vía de la puerta que daba cara al oriente. Y alzóme el **espíritu**, y metióme en el atrio de adentro; y la gloria de Jehová hinchió la casa. Y oí **uno** quien me hablaba desde la casa. Y un **varón** estaba junto a mí»* (Ezequiel 43: 2 al 6).

*«Y saliendo el **varón** hacia el oriente, tenía un cordel en su mano; y midió mil codos, e hízome pasar por las aguas hasta los tobillos»* (Ezequiel 47: 3).

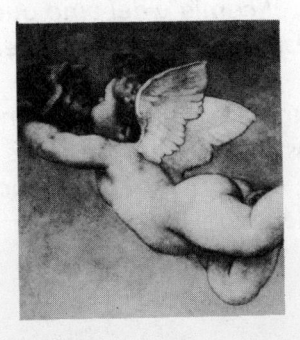

LOS ÁNGELES EN EL LIBRO DE DANIEL

La comunidad judía encargada de reunir los libros de la Biblia, puso el de Daniel, entre los escritos del siglo II antes de Cristo, y no entre los libros de los profetas de trescientos años antes. Según la Biblia Latinoamericana, este hecho es suficiente, «para no tomar muy en serio, o al pie de la letra lo dicho referente a un tal profeta Daniel» (Sic).

Daniel era en los escritos de oriente, el nombre de un sabio antiguo al que se referían varias leyendas (ver Ezequiel 14: 14). De ahí se forjó el personaje de Daniel, profeta y sabio judío, quien se supone vivió entre los hebreos desterrados a Babilonia y cuyos ejemplos y palabras, debieron ilustrar a sus coterráneos que se encontraban en contacto con los «paganos».

A pesar de que los «cuentos» reunidos en este libro se deben a literatos, hay algunos escritos proféticos.

«En el tercer año del reinado de Joaquim, rey de Judá, vino Nabucodonosor, rey de Babilonia, subió contra Jerusalén y la sitió. El Señor entregó en sus manos a Joaquim y gran parte de los vasos del templo de Dios y los trasladó a tierra de Senar a la casa de sus dioses y los puso en el tesoro de sus dioses».

«El rey dijo a Asfernes, jefe de los eunucos, que de los hijos de Israel y de las familias de los reyes y de los grandes... escogiera jóvenes sin ningún defecto. Debían ser de hermosa presencia, de buen juicio, bien instruidos, y bien educados, dignos de permanecer en el palacio del rey. Ahí se les enseñaría la lengua y la escritura de los caldeos. Dispuso además el rey darles de comer todos los días de lo mismo que él comía y del vino que él bebía. Después ser mantenidos así por espacio de tres años, servirían en la presencia del rey».

«Entre ellos estaban estos israelitas: Daniel, Ananías, Misael y Azarías. El jefe de los eunucos les puso los nombres siguientes: a Daniel el de Baltasar; a Ananías el de Sidrac; a Misael el de Misac, y a Azarías el de Abdénago».

DANIEL SE NIEGA COMER ALIMENTOS IMPUROS

A los del palacio se les servían alimentos y bebidas rechazadas por Daniel. Estaban prohibidas en su ley. Pidió entonces permiso al jefe de los eunucos para no comer estas cosas que lo habrían manchado.

Dios hizo que Daniel lograra la simpatía de su jefe. Sin embargo, éste respondió: «*El rey mi señor fijó personalmente lo que deben comer y beber, temo me eche la culpa y me castigue, si al llegar los encuentra más delgados que los jóvenes de tu edad*». Daniel dijo entonces al sirviente designado para su cuidado: «*Te ruego nos pongas diez días a prueba. Nos darás de comer legumbres, y agua como bebida. Después haremos la comparación con los jóvenes que comen de los platos de la mesa del rey. Entonces harás con nosotros lo que te parezca conveniente*».

El sirviente aceptó la proposición. Cumplido el plazo tenían mejor aspecto que todos los jóvenes alimentados con la comida del palacio. Desde entonces, el sirviente retiró la comida y el vino y siguió dándoles legumbres y agua. A estos cuatro jóvenes Dios les concedió sabiduría e inteligencia en toda clase de ciencia. Por esto, Daniel sabía explicar sueños y visiones.

«*Cumplido el plazo fijado por el rey para que le presentaran los jóvenes, el mayordomo los llevó ante Nabucodonosor. El rey conversó con los mozos, y entre ellos no se encontró ningún otro como Daniel, Ananías, Misael y Azarías. Por eso, quedaron al servicio del rey. En cuanta cosa de sabiduría o de inteligencia les consultó el rey, los encontró diez veces superiores a todos los magos y adivinos que había en todo su reino. Daniel se quedó allí hasta el año primero del rey Ciro*».

EL SUEÑO DE NABUCODONOSOR

En el año doce de su reinado, Nabucodonosor tuvo un sueño inquietante hasta el punto de no dejarlo dormir. El rey mandó a llamar brujos y magos, astrólogos y adivinos, para que explicaran su sueño. Vinieron y se presentaron al rey. Este les dijo: «*Tuve un sueño que me tiene muy preocupado, y no estaré tranquilo mientras no sepa su significado*».

Los adivinos respondieron: «*Viva el rey eternamente. Cuéntanos tu sueño y nosotros te lo explicaremos*». El rey respondió a sus magos: «*No olviden lo que tengo decidido. Si no me dan a conocer el sueño y su interpretación, sus cuerpos serán destrozados y sus casas destruidas. Pero quien me dé a conocer el sueño y su interpretación recibirá de mí, regalos, obsequios y grandes honores. Así, pues, díganme cuál fue el sueño y cuál es su interpretación*».

Los caldeos respondieron: «*Cuente el rey el sueño a sus siervos que nosotros le daremos su interpretación*».

El rey replicó: «*Veo que quieren ganar tiempo, al saber ya mi decisión. Si no me dan a conocer el sueño, todos serán castigados. Seguramente se han puesto de acuerdo para decirme palabras mentirosas y falsas para ganar tiempo. Pero díganme ahora el sueño, y estaré seguro de la explicación que me darán después*». Los adivinos contestaron: «*No hay nadie en el mundo capaz de hacer lo que el rey pide, y por eso ningún rey, por grande y poderoso que sea, hace tal pregunta a ningún mago, adivino o astrólogo. Lo pedido por el rey es imposible y nadie se lo dirá. Sólo los dioses pueden hacerlo, pero ellos no viven entre los hombres*».

El rey se enfureció por esta respuesta y mandó a matar a todos los sabios de Babilonia. Una vez promulgado el decreto que mandaba matar a los sabios, buscaron también a Daniel y sus compañeros para ejecutarlos.

Pero Daniel se dirigió con palabras sabias y prudentes a Aryok, jefe de la guardia real, quien se disponía a matar a los sabios de Babilonia, diciéndole: «*¿Por qué ha dado el rey un decreto tan riguroso?*» Aryok explicó el asunto a Daniel, quien pidió al rey un plazo para indicarle el significado de su sueño.

Daniel regresó a su casa y comunicó el asunto a sus compañeros. Los invitó a implorar la misericordia de Dios acerca de este sueño misterioso para que no se les diera muerte a ellos junto con los otros sabios de Babilonia.

Y en una visión nocturna, Dios reveló el sueño misterioso de Nabucodonosor a Daniel. Por lo cual Daniel bendijo al Dios de los cielos.

Después de esto, Daniel se fue donde Aryok, a quien el rey había mandado a matar a los sabios de Babilonia. Antes bien, llévame a la presencia del rey y yo le daré la interpretación. Aryok se apresuró a introducir a Daniel diciéndole al rey: «*Encontré entre los desterrados judíos a un hombre que pretende dar al rey la interpretación*».

Tomó el rey la palabra y dijo a Daniel (por sobrenombre Baltasar): «*¿Eres capaz de decirme el sueño que tuve y de interpretarlo?*»

DANIEL INTERPRETA EL SUEÑO DEL REY

Daniel tomó la palabra en presencia del rey y dijo: «*El misterio que el rey quiere saber, no hay sabios, magos, adivinos ni astrólogos en capacidad de revelarlo, pero hay un Dios en el cielo que descubre los misterios y ha dado a conocer al rey Nabucodonosor lo que sucederá al fin de los tiempos. Estos eran tus sueños y tus visiones cuando estabas en tu cama*».

«*¡Oh rey! los pensamientos perturbadores de tu sueño se refieren al futuro; Dios, que revela los secretos, te los dará a conocer*».

«*A mí, sin tener más sabiduría que cualquier otro hombre, Dios me reveló este misterio para poder explicar tu sueño y hacerte comprender lo que ha pasado por tu mente. Tú veías una estatua enorme, de extraordinario brillo y aspecto terrible, que se levantaba delante de ti. La cabeza de esta estatua era de oro puro, el pecho y los brazos de plata, las caderas y el vientre de bronce, las piernas de hierro, los pies parte de hierro y parte de barro. Tú estabas mirando la estatua cuando de repente una piedra se desprendió, sin haber sido lanzada por ninguna mano, y vino a chocar contra los pies de hierro y barro de la estatua, haciéndola pedazos*».

«*Entonces todo a la vez quedó como polvo: el hierro, la arcilla, el bronce, la plata y el oro, como capotillo de la cosecha, y el viento se lo llevó sin quedar rastro. En cuanto a la piedra que chocó la estatua, se convirtió en un cerro muy grande que llenó toda la tierra*».

«*Tal fue tu sueño. Ahora te lo voy a explicar: a ti, ¡Oh, rey! el más poderoso entre todos los reyes, Dios te ha dado el reino, el imperio, el poder y la gloria. Los hombres, los animales y los pájaros, dondequiera habiten, los ha puesto Dios bajo tu mano. Dios te ha hecho su soberano y, por eso, la cabeza de oro eres tú. Después de ti seguirá otro reino inferior al tuyo, y luego un tercer reino como el bronce dominando la tierra entera. Habrá un cuarto reino, duro como el hierro, que todo lo rompe y lo destroza. Así él romperá todo, igual que el hierro, que todo lo hace pedazos. Tu visión de los pies y los dedos, parte de barro y parte de hierro, significa que este reino va a ser dividido, y será en parte fuerte y en parte débil. Estará agrupado en la persona de su rey, pero sus pueblos no se unirán, de la misma manera que el hierro no se mezcla con el barro*».

«*En tiempos de estos reyes, Dios hará surgir un reino que jamás será destruido. Este reino no pasará a otras manos: por el contra-*

rio, pulverizará a todos estos reinos y él permanecerá eternamente. Es el significado de la piedra que has visto desprenderse del monte sin ayuda de ninguna mano, y que redujo a polvo el hierro, el bronce, la arcilla, la plata y el oro».

«El Dios grande te ha revelado el porvenir. ¿No es cierto que éste fue tu sueño? Entonces puedes estar seguro de la explicación».

Al oír esto, el rey Nabucodonosor se arrodilló delante de Daniel y ordenó se le ofreciera un regalo.

El rey dijo a Daniel: «Verdaderamente el Dios de ustedes es el Dios de los dioses y el Señor de los reyes, el revelador de los misterios, puesto que tú pudiste explicar este misterio».

Y el rey concedió a Daniel un cargo importante y le dio muchos y magníficos regalos. Lo hizo gobernador de toda la provincia de Babilonia y jefe supremo de todos los sabios. Daniel, influyó ante el rey para que encargara la administración de la provincia de Babilonia a Sidrac, Misac y Abdénago, quedando Daniel en la corte del rey.

La Estatua de Oro

El soberano hizo una estatua de oro de treinta metros de alto por tres metros de ancho, y la colocó en el llano de Dura, en la provincia de Babilonia.

El rey Nabucodonosor mandó a los funcionarios, prefectos, gobernadores, consejeros, tesoreros, jueces y abogados de toda la provincia, para que se reunieran y asistieran a la inauguración de la estatua. Se conglomeraron los funcionarios, prefectos, gobernadores, consejeros, tesoreros, abogados y jueces y todas las autoridades provinciales, para la dedicación de la estatua levantada por el rey Nabucodonosor.

Un mensajero proclamó con voz fuerte: «Hombres de toda raza, nación y lengua, en el momento en que oigan la trompeta, la flauta, la cítara, la sambuca, el salterio, la zampoña y cualquier música, ustedes tendrán que postrarse y adorar la estatua de oro erigida por el rey Nabucodonosor. Quienes no se postren y la adoren serán echados inmediatamente a un horno de fuego ardiente».

Por eso, en cuanto se oyó la trompeta, la flauta, la cítara, la sambuca, el salterio, la zampoña y toda clase de música, todos los pueblos, naciones y lenguas se postraron y adoraron la estatua de oro erigida por el rey Nabucodonosor.

Denuncia y Condena de Los Judíos

Algunos magos, sin embargo, fueron a denunciar a los judíos. Dijeron al rey Nabucodonosor: *«¡Viva el rey eternamente! Tú, ¡oh rey! has ordenado que al oír las trompetas, todos se postren y adoren a la estatua de oro, y quienes no la adoren sean arrojados en el horno ardiente. Hay algunos judíos Sidrac, Misac y Abdénago encargados de la administración de la provincia de Babilonia, que no te han hecho caso; no sirven a tu Dios y no adoran la estatua de oro fabricado por ti».*

Enfurecido Nabucodonosor mandó a llamar a Sidrac, Misac y Abdénago. Y les dijo: *«¿Es verdad que ustedes no veneran a mis dioses y no adoran la estatua de oro que yo he fabricado? ¿Están dispuestos ahora, cuando oigan el son de la trompeta y demás instrumentos musicales, a postrarse y adorar la estatua que he fabricado? Si no, serán inmediatamente arrojados al horno ardiente. Y entonces, ¿cuál Dios los podrá librar de mis manos?».*

Sidrac, Misac y Abdénago respondieron al rey: *«No necesitamos contestar sobre esto. Si nuestro Dios, a quien servimos, quiere librarnos, nos librará del horno y de tus manos. Si no lo hace de todas maneras no serviremos a tus dioses ni adoraremos tu estatua».* Entonces el rey cambió de actitud con respecto a ellos y se enfureció. Ordenó se calentara el horno siete veces más de lo corriente. Mandó hombres fuertes de su ejército a que los ataran y lanzaran al horno ardiente. Y así fueron arrojados con sus ropas, mantos, pantalones y sombreros.

Como la orden del rey era terminante y el horno estaba excesivamente encendido, la llamarada mató a los hombres que habían llevado a Sidrac, Misac y Abdénago, y estos tres cayeron, atados, en medio del horno de fuego ardiente. Sin embargo, iban por entre las llamas alabando a Dios y bendiciendo al Señor.

Entonces el rey Nabucodonosor, maravillado, se levantó a toda prisa, y preguntó a sus consejeros: *«¿No echamos al fuego a estos tres hombres atados?»* Ellos respondieron: *«Indudablemente».* Dijo el rey: *«Pero yo estoy viendo a cuatro hombres paseando libremente por el fuego sin sufrir ningún daño, y **el cuarto** tiene el aspecto de un **hijo de los dioses».*** Y Nabucodonosor se acercó a la boca del horno ardiente y dijo: *«Sidrac, Misac y Abdénago, servidores del Dios Altísimo, salgan y vengan acá».* Entonces ellos salieron de en medio del fuego.

Funcionarios, prefectos, gobernadores y consejeros del rey se acercaron para verlos: el fuego no había tenido ningún poder sobre su cuerpo, Nabucodonosor dijo: *«Bendito el Dios de ellos, de Sidrac, Misac y Abdénago. Envió su Ángel, y libró sus siervos quienes esperaron en él, y el mandamiento del rey mudaron, y entregaron sus cuerpos antes de servir o adorar otro dios que su Dios. Por mí pues se pone decreto: todo pueblo, nación o lengua, que dijere blasfemia contra el Dios de Sidrac, Misac, y Abdénago, sea descuartizado, y su casa sea puesta por muladar; por cuanto no hay Dios capaz de librar como éste. Entonces el rey engrandeció a Sidrac, Misac, y Abdénago en la provincia de Babilonia»* (Daniel 3: 28 al 30).

Por supuesto que, el tercer personaje que tanto el rey Nabucodonosor, como sus altos dignatarios vieron conversando con Daniel y sus dos correligionarios, fue un Ángel. El mismo rey lo describe como alguien parecido a los dioses. Es decir, se dio cuenta de la majestuosidad espiritual de ese ser, además del milagro tan extraordinario de poder conversar dentro de un horno, en medio del fuego y a tan gran temperatura. Notemos aquí también, que el Ángel no tiene alas.

Según la primera parte del libro de Daniel, el rey Nabucodonosor, tenía los sueños más estrafalarios. En realidad, sus sueños eran proféticos, solamente que el rey, no tenía la capacidad o no sabía como descifrarlos. Se narra este otro sueño, porque en él, la presencia angelical desempeña el auténtico papel: el de Mensajero de la Divinidad.

El rey explicó lo siguiente: *«Había un árbol en el centro de la tierra, de altura muy grande. El árbol creció, se hizo corpulento y desde los confines de la tierra se podían ver sus ramas. Su follaje era hermoso y su fruto abundante. Había en él, comida para todos, a su sombra se protegían los animales del campo y en sus ramas anidaban los pájaros del cielo y todos se alimentaban de él. Yo contemplaba esta imagen interior, cuando un Ángel, un **santo**, bajó del cielo y gritaba: derriben este árbol... Es la sentencia dictada por los Ángeles, la cuestión decidida por **los santos**, para que todo ser humano sepa que el Altísimo domina sobre el poderío de los hombres...».*

El rey le pide a Daniel, a quien llama Baltazar, se lo explique. Daniel le responde: desearía que ese sueño se refiriera a otra persona, y no al rey. Profetizó así: *«Ese árbol eres tú, Oh rey, cuyo poder ha crecido llegando hasta el cielo y cuyo imperio se extiende hasta los confines de la tierra. En cuanto a lo visto por el rey: un Ángel, un **santo** que baja del cielo... es el decreto del Altísimo con respecto a mi*

Señor... y vaticina que Nabucodonosor se va a volver loco y comerá con las bestias del campo y vivirá a la intemperie por un tiempo». Palabras ciertas.

Luego de la muerte de Nabucodonosor, reinó su hijo. Cuando contaba sesenta y dos años fue destronado por Darío el Grande.

«Pareció bien a Darío constituir sobre el reino ciento veinte gobernadores, que estuviesen en todo el territorio. Y sobre ellos tres presidentes, de los cuales Daniel era uno, a quienes estos gobernadores diesen cuenta, porque el rey no recibiese daño. Pero el mismo Daniel era superior a estos gobernadores y presidentes, porque había en él más abundancia de espíritu: y el rey pensaba de ponerlo sobre todo el reino. Entonces los presidentes y gobernadores buscaban ocasiones contra Daniel por parte del reino; más no podían hallar alguna ocasión o falta, porque él era fiel, y ningún vicio ni falta fue en él hallado».

«Entonces dijeron aquellos hombres: no encontraremos contra este Daniel ocasión alguna, si no la ubicamos en la ley de su Dios. Entonces estos gobernadores y presidentes se juntaron delante del rey, le dijeron así: Rey Darío, para siempre vive. Todos los presidentes del reino, magistrados, gobernadores, grandes y capitanes, han acordado por consejo promulgar un real edicto, y confirmarlo. Cualquiera que demandare petición de cualquier dios u hombre en el espacio de treinta días, sino de ti, oh rey, sea echado en el foso de los leones. Ahora, oh rey, confirma el edicto, y firma la escritura, para que no se pueda mudar, conforme a la ley de Media y de Persia, la cual no se revoca».

«Firmó pues el rey Darío la escritura y el edicto. Daniel, cuando supo que la escritura estaba firmada, entróse en su casa, y abiertas las ventanas de su cámara orientadas hacía Jerusalén, hincábase de rodillas tres veces al día, y oraba, y confesaba delante de su Dios, como lo solía hacer antes. Entonces se juntaron aquellos hombres, y hallaron a Daniel orando y rogando delante de su Dios. Llegáronse luego, y hablaron delante del rey, acerca del edicto real: ¿No has confirmado edicto que quienquiera que adorase a cualquier dios u hombre en el espacio de treinta días, excepto a ti, oh rey, fuese echado en el foso de los leones? Respondió el rey y dijo: verdad es, conforme a la ley de Media y de Persia, la cual no se abroga. Entonces respondieron y dijeron delante del rey: Daniel quien es de los hijos de la cautividad de los judíos, no ha hecho cuenta de ti, oh

rey, ni del edicto por ti confirmado; antes tres veces al día hace su petición».

«El rey entonces, oyendo el negocio, pesóle en gran manera, y sobre Daniel puso cuidado para librarlo; y hasta la puesta del sol, trabajó para librarle. Empero aquellos hombres se reunieron cerca del soberano, y le dijeron: sepas, oh rey, que es ley de Media y de Persia, que ningún decreto u orden que el rey confirmare pueda mudarse. Entonces el rey mandó, y trajeron a Daniel, y echáronle en el foso de los leones. Y hablando el rey dijo a Daniel: el Dios tuyo, a quien tú continuamente sirves, él te libre. Y fue traída una piedra, y puesta sobre la puerta del foso, la cual selló el rey con su anillo, y con el anillo de sus príncipes, porque el acuerdo acerca de Daniel no se mudase. Fuese luego el rey a su palacio, y acostóse ayuno; ni instrumentos de música fueron traídos delante de él, y se le fue el sueño».

«El rey, por tanto se levantó muy de mañana, y fue aprisa al foso de los leones: y llegándose cerca del foso llamó a voces a Daniel con voz triste: y hablando el rey dijo a Daniel: Daniel, siervo del Dios Viviente, el Dios tuyo, a quien tú continuamente sirves ¿te ha podido librar de los leones? Entonces habló Daniel con el rey: oh rey, para siempre vive. El Dios mío envió Su Ángel, el cual cerró la boca de los leones, para que no me hiciesen mal: porque delante de Él se halló en mí justicia: y aún delante de ti oh rey, yo no he hecho lo que no debiese. Entonces se alegró el rey en gran manera a causa de él, y mandó a sacar a Daniel del foso: y fue Daniel sacado del foso, y ninguna lesión se halló en él porque creyó en su Dios. Y mandándolo el rey fueron traídos aquellos hombres que habían acusado a Daniel, y fueron echados en el foso de los leones, ellos, sus hijos, y sus mujeres; y aún no habían llegado al suelo del foso, cuando los leones se apoderaron de ellos, y quebrantaron todos sus huesos» (Daniel 6: hasta el 24).

En esta historia de Daniel, se cumple la promesa del salmo 91. *«Porque has creído en Mí, daré orden a Mis Ángeles para que te lleven en la palma de sus manos, para que no tropiece tu pie en piedra; andarás sobre víboras y leones y no sufrirás mal alguno. Pues a Mí se acogió, lo libraré, lo protegeré...».*

LAS VISIONES DE DANIEL

«Y a los veinte y cuatro días del mes primero estaba yo a la orilla

*del gran río Hiddekel; y alzando mis ojos miré, y he aquí un **varón vestido de lienzos**, y ceñidos su lomos de oro de Uphaz; Y su cuerpo era como piedra de Tarsis, y su rostro parecía un relámpago, y sus ojos como antorchas de fuego, y sus brazos y sus pies como de color de metal resplandeciente, y la voz de sus palabras como la voz del ejército. Y sólo yo Daniel, vi aquella visión, y no la vieron los hombres que estaban conmigo, sino que cayó sobre ellos un gran temor, y huyeron, y escondiéronse. Quedé pues yo solo, y vi esta gran visión, y no quedó en mí esfuerzo; antes mi fuerza se me troncó en desmayo, sin retener vigor alguno. Empero oí la voz de sus palabras: y oyendo la voz de sus palabras, estaba yo adormecido sobre mi rostro, y mi rostro en tierra».*

«Y, he aquí, una mano me tocó e hizo que me moviese sobre mis rodillas, y sobre las palmas de mis manos. Y díjome: Daniel, varón de deseos, está atento a las palabras que te hablaré, y levántate sobre tus pies; porque a ti he sido enviado ahora. Y estando hablando conmigo esto, yo estaba temblando. Y díjome: Daniel, no temas: porque desde el primer día que diste tu corazón a entender, y a afligirte en la presencia de tu Dios, fueron oídas tus palabras; y a causa de tus palabras yo soy venido».

*«Más el príncipe del reino de Persia se puso contra mí veintiún días: y he aquí, Miguel, uno de los principales príncipes, vino para ayudarme, y yo quedé allí con los reyes de Persia. Soy pues venido para hacerte saber lo que ha de venir a tu pueblo en los postreros días; porque la visión es aún para días. Y estando hablando conmigo semejantes palabras puse mis ojos en tierra, y enmudecí. Más he aquí, como una **semejanza de hijo de hombre** tocó mis labios. Entonces abrí mi boca, y hablé, y dije a **aquel que estaba delante de mí**: señor mío, con la visión se revolvieron mis dolores sobre mí, y no me quedó fuerza. ¿Cómo pues podrá el siervo de mi señor hablar con este mi señor? Porque al instante me faltó la fuerza, y no me ha quedado aliento. Y aquella como **semejanza de hombre** me tocó otra vez, y me confortó; y díjome: varón de deseos, no temas: paz a ti; ten buen ánimo, y aliéntate. Y hablando él conmigo cobré yo vigor, y dije: hable mi señor, porque me has fortalecido»* (Daniel 10: 4 al 19).

*«Y yo, Daniel, miré, y he aquí **otros dos** que estaban, el uno de esta parte a la orilla del río, y el otro de la otra parte a la orilla del río. Y dijo uno al **varón vestido de lienzos**, que estaba sobre las*

*aguas del río: ¿cuándo será el fin de estas maravillas? Y oía al **varón vestido de lienzos**, que estaba sobre las aguas del río, el cual alzó su diestra y siniestra al cielo, y juró por el Viviente, en los siglos, que será por tiempo, tiempos, y la mitad. Y cuando se acabare el esparcimiento del escuadrón del pueblo santo, todas estas cosas serán cumplidas. Y yo oí, más no entendí, y dije: señor mío, ¿qué será el cumplimiento de estas cosas? Y dijo: anda, Daniel, que estas palabras están cerradas y selladas hasta el tiempo del cumplimiento»* (Daniel 12: 5 al 9).

Los Ángeles y Daniel Salvan a Susana

La historia de Susana, se encuentra en el capítulo 13 del libro de Daniel. Resumiéndola, es la narración de una calumnia levantada contra una joven esposa, por dos hombres ancianos enamorados de ella. Como Susana no accede a sus concupiscentes propuestas, éstos le levantan la calumnia de que la han visto con un hombre joven, siendo infiel al esposo. La juzgan, los dos hombres siguen en su depravada acción manteniendo la calumnia, y es condenada a muerte, como se acostumbraba en esa época. Susana llorando implora a Dios, cuando un joven de nombre Daniel, se puso a gritar *«tan torpes son, hijos de Israel. Yo Soy inocente de la muerte de ésta»*. Luego dijo a uno de los ancianos a quien llamó aparte para cariarlos delante del pueblo: *«verdaderamente te has condenado con esta mentira, pues ya, el Ángel de Dios, ha recibido la sentencia y viene a partirte por medio»*. Al otro le dijo: *«Ciertamente tú también has mentido para mal tuyo. El Ángel del Señor ya está esperando espada en mano, para partirte por el medio y acabar con ustedes»*.

Daniel Vuelve al Foso de los Leones

Había un dragón adorado por los Babilonios, creyendo que era un dios. Daniel les quiere demostrar que sólo es un animal y prepara una comida que hace que el animal se reviente. El pueblo se enfurece y tilda al rey de judío. El rey se ve obligado a enviar a Daniel al foso de los leones; animales acostumbrados a comer diariamente dos cuerpos humanos y dos ovejas. No les vuelven a dar comida con el fin de que devoren a Daniel.

Cuando Daniel llevaba varios días allí, vivía en ese entonces, en Judea, el profeta Habacuq. Este acababa de preparar un guiso suculento y se dirigía al campo para llevárselo a los segadores, pero el Ángel del

Señor dijo a Habacuq: trae la comida que preparaste, a Babilonia para Daniel quien está en el foso de los leones. Habacuq dijo: *«Señor, jamás he visto a Babilonia y no sé donde está el foso».* Pero el Ángel del Señor lo tomó por la cabeza y llevándolo de los cabellos, lo puso en Babilonia, junto al foso, con la rapidez de un espíritu. Habacuq gritó: *«Daniel, Daniel, toma la comida mandada por Dios. Daniel se puso a comer, mientras el Ángel del Señor llevaba a Habacuq al lugar en que estaba primero»* (Daniel capítulo 14).

Al séptimo día, Daniel es rescatado ileso, en medio de los leones desfallecidos de hambre.

Antes de terminar este capítulo referente al libro de Daniel, debo hacer notar que es posiblemente este el libro de la Biblia, donde se mencionan más los Ángeles. En todas las visiones y en todas las circunstancias narradas, hay una participación angelical muy destacada. Te invito querido lector a tomar la Biblia y le des una leída a estas historias por demás interesantes y novelescas.

Los Ángeles en el Libro de Zacarías

La primera parte del libro de Zacarías, fue escrita o dictada por él. Los capítulos 9 al 14, son obra de otro profeta quien vivió dos siglos después, muy posiblemente cuando Alejandro El Grande llegó a oriente.

Zacarías tiene visiones nocturnas, donde le es revelado el plan divino, en cuyas percepciones están los Ángeles en varias de sus jerarquías. Otras veces, no le es dado ninguno de los rangos, pero su descripción, no deja lugar a dudas de que es un Ángel del Señor. Igualmente recuerda que cuando se dice Jehová de los Ejércitos, o Yahvé de los Ejércitos, o Dios de los Ejércitos, se refiere al ejército de Ángeles.

*«Vi de noche, y he aquí un **varón** que cabalgaba sobre un caballo bermejo, el cual estaba entre los mirtos sembrados en la hondura; y detrás de él había caballos bermejos, overos, y blancos. Entonces dije: ¿quiénes son éstos, señor mío? Y díjome el Ángel que hablaba conmigo: yo te enseñaré quiénes son éstos. Y aquel **varón** que estaba entre los mirtos respondió, y dijo: estos son los escogidos por Jehová para recorrer la tierra. Y ellos hablaron a aquel Ángel de Jehová que estaba entre los mirtos, y dijeron: hemos recorrido la tierra, y he aquí, toda la tierra está reposada y quieta. Y respondió el Ángel de Jehová, y dijo: oh Jehová de los Ejércitos, ¿hasta cuando no tendrás piedad de Jerusalén y de las ciudades de Judá, con las cuales has estado airado por espacio de setenta años?».*

«Y Jehová respondió buenas palabras, palabras consolatorias a aquel Ángel que hablaba conmigo. Y díjome el Ángel que platicaba conmigo: clama diciendo: así ha dicho Jehová de los Ejércitos: celé a Jerusalén y a Sión con gran celo: y con grande enojo estoy airado contra las gentes que están reposadas; porque Yo estaba enojado un poco, y ellos ayudaron para el mal. Por tanto, así ha dicho Jehová: Yo me he tornado a Jerusalén con misericordias; en ella será edificada mi casa, dice Jehová de los Ejércitos y la plomada será tendida sobre Jerusalén. Clama aun, diciendo: así dice Jehová de los Ejércitos: aun serán ensanchadas mis ciudades por la abundancia del bien; y aun consolará Jehová a Sión, y escogerá todavía a

*Jerusalén. Después alcé mis ojos, y miré, y he aquí **cuatro cuernos**. Y dije al Ángel que hablaba conmigo: ¿qué son éstos? Y respondióme: estos son **los cuernos** que aventaron a Judá, a Israel, y a Jerusalén»* (Zacarías 1: 8 al 19).

*«Alcé después mis ojos, y miré, y he aquí un **varón** que tenía en su mano un cordel de medir. Y díjele: ¿a dónde vas? Y él me respondió: a medir a Jerusalén, para ver cuánta es su anchura, y cuánta su longitud. Y he aquí, llegó aquel Ángel que hablaba conmigo, y otro Ángel le salió al encuentro, y díjole: corre, habla a este mozo, diciendo: sin muros será habitada Jerusalén a causa de la multitud de los hombres, y de las bestias en medio de ella. Yo seré para ella, dice Jehová, muro de fuego en derredor y seré por gloria en medio de ella»* (Zacarías 2: 1 al 5).

«Y mostróme a Josué, el gran sacerdote, el cual estaba delante del Ángel de Jehová; y Satán estaba a su mano derecha para serle adversario. Y dijo Jehová a Satán: Jehová te reprenda, oh Satán. Jehová que ha escogido a Jerusalén, te reprenda. ¿No es éste tizón arrebatado del incendio? Y Josué estaba vestido de ropajes viles, y estaba delante del Ángel. Y habló el Ángel, e intimó a quienes se encontraban delante diciendo: quitadle esos trajes viles. Y a él dijo: mira que he hecho pasar tu pecado de ti, y te he vestido de ropas de gala. Después dijo: pongan mitra limpia sobre su cabeza. Y pusieron una mitra limpia sobre su cabeza, y vistiéronle de ropas. Y el Ángel de Jehová estaba en pie. Y el Ángel de Jehová protestó al mismo Josué, diciendo: así dice Jehová de los Ejércitos: si anduvieres por Mis caminos, y si guardares Mi ordenanza, también tú gobernarás Mi casa, también tú guardarás Mis atrios, y entre estos que aquí están te daré plaza».

«Escucha pues ahora, Josué gran sacerdote. Tú y tus amigos que se sientan delante de ti; porque son varones simbólicos: he aquí Yo traigo a mi siervo, el pimpollo. Porque he aquí aquella piedra que puse delante de Josué; sobre esta única piedra hay siete ojos: he aquí, Yo grabaré su escultura, dice Jehová de los Ejércitos, y quitaré el pecado de la tierra en un día. En aquel día, dice Jehová de los Ejércitos, cada uno de vosotros llamará a su compañero debajo de la vid, y debajo de la higuera» (Zacarías 3: 1 al 10).

«Y volvió el Ángel que hablaba conmigo, y despertóme como un hombre que es despertado de su sueño. Y díjome: ¿qué ves? Y respondí: he mirado y he aquí un candelero todo de oro, con su

*vaso sobre su cabeza, y sus **siete lámparas** encima del candelero; y **siete canales** para las lámparas colocadas encima de él; y sobre él **dos olivas**, la una a la derecha del vaso, y la otra a su izquierda. Proseguí y dije a aquel Ángel que hablaba conmigo: ¿qué es esto, Señor mío? Y el Ángel que hablaba conmigo respondió: ¿no sabes qué es esto? Y dije: no, señor mío. Entonces hablóme, diciendo: esta es palabra de Jehová a Zorobabel, donde se dice: no con ejército, ni con fuerza, sino con Mi espíritu, ha dicho Jehová de los ejércitos».*

«¿Quién eres tú, oh gran monte? Delante de Zorobabel, serás reducido a llanura: él sacará la primera piedra con aclamaciones de gracia, gracia a ella. Y fue palabra de Jehová a mí, diciendo: las manos de Zorobabel echarán el fundamento a esta casa, y sus manos la acabarán; y conocerás que Jehová de los Ejércitos me envió a vosotros. Porque los que menospreciaron el día de las pequeñeces se alegrarán y verán la plomada en la mano de Zorobabel. Aquellas siete son los ojos de Jehová recorriendo toda la tierra. Hablé más, y díjele: ¿qué significan estas dos olivas a la derecha del candelero, y a su izquierda? Hablé aun de nuevo, y díjele: ¿qué significan las dos ramas de olivas que por medio de dos tubos de oro vierten de sí aceite como oro? Y respondióme, diciendo: ¿no sabes qué es esto? Y dije: señor mío, no. Y él dijo: estos dos hijos de aceite son los que están delante del Señor de toda la tierra» (Zacarías 4: 1 al 14).

«Y tórneme, y alcé mis ojos, y miré, y he aquí un rollo volando. Y díjome: ¿qué ves? Y respondí: veo un rollo que vuela, de veinte codos de largo, y diez codos de ancho. Díjome entonces: esta es la maldición que sale sobre la haz de toda la tierra, porque todo aquel que hurta, (como está de la una parte del rollo) será destruido. Y todo aquel que jura, (como está de la otra parte del rollo) será destruido».

*«Yo la saqué, dice Jehová de los **Ejércitos**, y vendrá a la casa del ladrón, y a la casa del que jura, falsamente en mi nombre; y permanecerá en medio de su casa, y consumirla ha, con sus enmaderamiento y sus piedras. Y salió aquel Ángel que hablaba conmigo y díjome: alza ahora tus ojos, y mira qué es esto que sale. Y dije: ¿qué es? Y él dijo: este es un epha. Además dijo: este es el ojo de ellos en toda la tierra. Y he aquí, traían un talento de plomo, y una mujer estaba asentada en medio de aquel epha. Y él dijo: esta es la maldad; y echóla dentro del epha, y puso la masa de plomo en*

*su boca. Y alcé luego mis ojos, y miré, y he aquí **dos mujeres que salían, y traían viento en sus alas, y tenían alas como de cigüeña** y alzaron el epha entre la tierra y los cielos. Y dije al Ángel que hablaba conmigo: ¿a dónde llevan el epha? Y él me respondió: para que le sea edificada casa en tierra de Shinar y será asentado y puesto allá sobre su asiento»* (Zacarías 5: 1 al 11).

*«Y tórneme, y alcé mis ojos y miré, y he aquí **cuatro carros** saliendo de entre dos montes; y aquellos montes eran de metal. En el primer **carro** había caballos bermejos, y en el segundo **carro**, caballos negros, y en el tercer **carro** caballos blancos, y en el cuarto **carro** caballos overos ruciorodados. Respondí entonces, y dije al Ángel que conmigo hablaba: señor mío, ¿qué es esto? Y el Ángel me respondió y díjome: estos son los cuatro vientos de los cielos, que salen de donde están delante del Señor de toda la tierra. En el que estaban los caballos negros, salieron hacia la tierra del aquilón; y los blancos marcharon tras ellos; y los overos fueron hacia la tierra del mediodía. Y los rucios escaparon, y se afanaron por ir a recorrer la tierra. Y dijo: Id, recorred la tierra, y recorrieron la tierra. Luego me llamó, y hablóme diciendo: mira, los que salieron hacia la tierra del aquilón, hicieron reposar mi espíritu en la tierra de aquilón. Y fue a mí palabra de Jehová, diciendo: toma de los del cautiverio, de Heldai, y de Tobías, y de Jedaía, los cuales volvieron de Babilonia; y vendrás tú en aquel día, y entrarás en casa de Josías hijo de Sefanías».*

*«Tomarás pues plata y oro, y harás coronas, y las pondrás en la cabeza del gran sacerdote Josué, hijo de Josadac; y le hablarás diciendo: así ha hablado Jehová de los Ejércitos: he aquí el varón cuyo nombre es **Pimpollo**, el cual germinará de su lugar y edificará el templo de Jehová. Él edificará el templo de Jehová, y él llevará gloria, y se sentará y dominará en su trono, y será sacerdote en su solio, y consejo de paz será entre ambos a dos. Y Helen, y Tobías, y Jedaía, y Hen, hijo de Sefanías, tendrán coronas por memorial en el templo de Jehová, y conoceréis que Jehová de **los Ejércitos** me ha enviado a vosotros. Y será esto, si oyereis obedientes la voz de Jehová vuestro Dios»* (Zacarías 6: 1 al 15).

LOS ÁNGELES EN EL LIBRO DE TOBÍAS

Tobit, hijo de Tobiel era un judío del norte de Palestina, desterrado a Asiria. Pertenecía a la tribu de Neftalí. Entre otras cosas importantes de este libro, están los consejos tan acertados y todavía vigentes que da Tobit cuando se haya cercano a la muerte a su hijo Tobías.

El padre pide a su hijo conseguir a un hombre para que le acompañe en el largo viaje hasta Ragüés en el país de Media. El hombre encontrado por Tobías, es ni más ni menos que el Arcángel San Rafael, quien no se identifica. «*Cuando Tobías le pregunta ¿de dónde eres? El joven* [el Ángel] *respondió: soy uno de los hijos de Israel, tus hermanos; ando en busca de trabajo. Tobías le dijo: ¿conoces el camino a Media? Él respondió: sí, he ido muchas veces y conozco bien los caminos. Allá he sido huésped de Gabael nuestro hermano que vive en Ragüés de Media*».

El padre de Tobías, Tobit, quiso conocer al joven acompañante de su hijo en tan largo viaje, y le preguntó: «*¿A qué familia y tribu perteneces?*» El Ángel contestó: «*¿qué te importa más: la persona que acompaña a tu hijo, o a qué tribu pertenece?*» Pero Tobit insistió en saber su nombre y la tribu a la que pertenecía. El Ángel dijo: «*Soy Azarías, hijo de Ananías, uno de tus hermanos... Bienvenido seas y añadió te pagaré un dracma diario y tendrás el mismo trato que a mi hijo. Anda con él, y si vuelven sanos, te aumentaré el sueldo*».

El Ángel respondió: «*Lo acompañaré, no temas; sanos partimos, y sanos regresaremos, pues el camino es seguro...*». Cuando el hijo tuvo preparadas sus cosas, el padre le dijo: «*Que Dios del cielo los proteja, que Su Ángel los acompañe en su camino, para que vuelvan sanos a mí. Estaban dispuestos a partir los dos, y el perro los iba a acompañar, cuando la madre de Tobías, comenzó a llorar...*». Tobit le respondió: «*...así como se fue, volverá y el día de su regreso lo verás sano y fuerte junto a ti. Un Ángel bueno los acompañará; el viaje será feliz y volverá sano a nosotros*».

Partió el joven con el Ángel, y el perro los seguía. Caminaron y llegada la noche, acamparon a la orilla del río Tigris. El muchacho bajó al río para lavarse los pies, cuando del agua saltó un enorme pez que por poco le devora el pie. Al oír sus gritos el Ángel le dijo: «*Tómalo y no lo dejes escapar*». Tobías se apoderó del pez y lo sacó a tierra. El Ángel agregó: «*Ábrelo; sácale la hiel, el corazón y el hígado y guárdalos*». El joven abrió el pez y sacó la hiel, el corazón y el hígado. Luego cocieron el pez y se lo comieron. Después continuaron su camino hasta cerca de Media.

El joven preguntó al Ángel: «*Hermano Azarías, ¿qué remedios son el corazón, el hígado y la hiel del pez?*» Le respondió: «*Si quemas el corazón o el hígado de un pez ante un hombre o mujer atormentados por un espíritu malo, el mal desaparece para siempre. Con la hiel, se untan las manchas blancas de los ojos y quedan sanos*».

Llegaron a Media y estando cerca de Ecbátana, Rafael dijo al joven: «*Hermano Tobías:*» él respondió: «*¿Qué quieres?*» Y él añadió: «*Esta noche nos quedaremos en casa de Ragüel; es tu pariente y tiene una hija llamada Sara; ella es hija única y tú eres el más cercano pariente y el único que tiene derecho a heredar los bienes de su padre. Es una joven de buen criterio, valiente y muy hermosa, a la que su padre quiere mucho. Tú tienes derecho a obtenerla, así que escúchame, hermano. Esta noche hablaré a su padre para que te la dé por esposa y cuando regresemos de Ragüés, celebraremos la boda. Estoy seguro que Ragüel no podrá negártela, ni darla a otro, pues se haría reo de muerte, de acuerdo a la ley de Moisés, porque eres tú, quien tiene derecho a casarse con ella*».

«*Hermano Azarías: he oído decir que esta mujer ya ha tenido siete maridos y todos han muerto la noche de bodas. También he oído decir que un demonio los mataba. Por esto tengo miedo, pues a ella no le hace nada, porque la quiere, pero sí, mata a quien intenta acercársele. Soy hijo único, y si muero, la pena matará a mis padres.* Respondió el Ángel: «*¿Acaso has olvidado las recomendaciones de tu padre que te mandó a tomar esposa de su familia?*».

«*Hermano, no te preocupes por el demonio y cásate con ella. Te aseguro que esta misma noche ella será tu esposa. Cuando entres en la habitación de los esposos, toma el corazón del pez y parte del hígado y ponlo sobre las brazas del perfumador. Cuando el demonio huela ese aroma, huirá para no volver jamás al lado de Sara. Y tú, cuando vayas a unirte a ella, ruega al Dios misericordioso, que se compadecerá y los salvará. No temas: Dios te la destinó desde siempre. Tú la salvarás, ella irá contigo y te dará hijos*». Cuando Tobías oyó estas palabras, ya estuvo enamorado de ella.

Cuando entraron en Ecbátana, Tobías dijo: *«Hermano Azarías, vamos directo a casa de nuestro hermano Ragüel»* y lo encontraron sentado a la puerta del patio. Lo saludaron y el respondió: *«Bienvenidos sean hermanos; los llevó a la casa... y le dijo: que pena que un hombre tan justo y caritativo como tu padre haya quedado ciego y abrazando a Tobías, lloraba. También lloraban Edna (esposa de Ragüel) y su hija Sara. Luego Ragüel mató un carnero y los acogió con familiaridad».*

Una vez lavados y purificados, se sentaron a la mesa. Tobías dijo a Rafael: *«Hermano Azarías, dile a Ragüel que me dé por esposa a mi prima Sara».* Ragüel, contestó al joven: *«Come y bebe tranquilo, porque eres el único que tiene derecho a casarse, con mi hija; no puedo darla a otro sino a ti; eres mi pariente más cercano. Ahora debo decirte la verdad; la he dado a siete hombres de nuestros hermanos y todos murieron la noche de bodas. Pero tú, come y bebe. El Señor les dará Su gracia y Su paz».* Tobías respondió: *«No comeré ni beberé hasta que decidas acerca de lo que te he pedido».*

Y Ragüel dijo: *«Recibe a tu hermana conforme lo escrito en la Ley. Desde ahora, tú eres su hermano y ella tu hermana; te la entrego para siempre. El Señor del Cielo esté con ustedes esta noche; les tenga compasión y los salve».* Entonces Ragüel llamó a su hija Sara, la tomó de la mano, se la entregó a Tobías y le dijo: *«Recíbela por esposa, según la Ley y lo que está escrito en el libro de Moisés. Llévala a la casa de tu padre. El Dios del Cielo los guíe por los caminos de la paz».* Luego pidió a la madre una hoja de papiro; en ella escribió el contrato matrimonial, y lo firmaron.

Terminado esto, se pusieron a comer y a beber. Ragüel llamó a su esposa y le ordenó: *«Hermana, prepara otro dormitorio para Sara».* Ella preparó la habitación y llevó a Sara, quien se puso a llorar. La madre secó las lágrimas de su hija y le aconsejó: *«Hija mía, ten confianza. El Señor del Cielo te dará alegría en lugar de tristeza. Confianza, hija».* Y salió. Después de la cena, hablaron de acostarse y acompañaron al joven de la sala donde había comido a su habitación. Tobías recordó las palabras de Rafael y tomando el hígado y el corazón del pez que tenía en la bolsa, los puso en las brasas del perfumador. El olor del pez hizo huir al demonio hacia las regiones altas de Egipto, donde Rafael lo encadenó.

Mientras tanto, los padres habían salido de la habitación. Entonces Tobías dijo a Sara: *«Levántate, hermana, y oremos, para que el Se-*

ñor, tenga piedad de nosotros». Luego dijo Tobías: «Bendito seas, Dios de nuestros padres, y bendito sea Tu nombre santo y glorioso por los siglos de los siglos; que los cielos y todas Tus criaturas te bendigan. Tú creaste a Adán y le diste a Eva, su mujer, como ayuda y compañera, para que de los dos naciera la raza humana». «Tú dijiste: no está bien que el hombre esté solo, démosle una compañera semejante a él. Ahora, Señor, tomo a mi hermana con recta intención y no buscando el placer. Ten piedad de nosotros y que podamos llegar juntos a nuestra ancianidad». Ella respondió: «Amén», y se acostaron los dos para pasar la noche.

Ragüel se levantó temprano y llamó a sus muchachos para que fueran a cavar una tumba. Pues Ragüel pensaba: «No sea que Tobías también haya muerto». Luego, Ragüel volvió a casa y dijo a su esposa: «Manda a una sirvienta para que vea si vive. Si ha muerto, lo enterraremos sin que nadie se entere».

La sirvienta, al abrir la puerta, los vio dormidos; salió para anunciar que estaba vivo. Entonces Ragüel bendijo al Señor con estas palabras: «Bendito seas, ¡oh Dios! por todos los siglos. Seas bendito por haberme colmado de gozo. No ha sucedido lo que yo temía, sino que nos has tratado según Tu gran benevolencia y has tenido compasión de dos hijos únicos. Ten piedad de ellos y dales tu gracia y protección. Toda su vida tengan buena salud y gozo, y vivan en Tu gracia».

Después ordenó a sus empleados rellenar la fosa antes de amanecer. Mandó a su esposa a cocer una gran horneada de pan; él fue al establo, trajo dos bueyes y cuatro carneros, y dispuso que los mataran y los prepararan; luego llamó a Tobías y le dijo: «Durante catorce días te quedarás aquí para festejar a mi hija quien tanto ha sufrido. Luego tomarán la mitad de mis bienes y se irán felices a casa de tus padres. La otra parte la obtendrán cuando nosotros hayamos muerto. Ánimo, hijo, que desde ahora en adelante Edna y yo somos tus padres». Tobías llamó a Rafael y le dijo: «Hermano Azarías, anda con un criado y dos camellos a Ragüés. Visita a Gabael, entrégale el recibo y hazte cargo del dinero; invítalo también a la boda. Tú sabes que mi padre está contando los días, y si me demoro uno más lo disgustaré. Por otra parte, eres testigo del juramento de Ragüel, que no puedo quebrantar». Rafael salió para Ragüés de Media y se hospedó en casa de Gabael. Le presentó el recibo y Gabael le entregó todos los sacos de dinero que estaban sellados. De madrugada partieron juntos a la boda.

Cada mañana Tobit contaba los días de la ida y la vuelta. Cuando se cumplió el plazo y su hijo no regresaba, pensó: «*A lo mejor se entretuvo allá, o quizá haya muerto Gabael y no hay quien le entregue el dinero*». Y se puso triste. Ana, su esposa, decía: «*Mi hijo está muerto*», y lloraba, exclamando: «*¿Por qué te dejé marchar? ¡Luz de mis ojos!*» Tobit le aconsejó: «*Cálmate, hermana, no te preocupes. Él está bien*». Ella replicó: «*Si, mi hijo ha muerto, no me engañes*», y todos los días salía al camino por donde se había ido su hijo. De día no comía, y en las noches, lloraba sin poder dormir.

Cuando pasaron los catorce días que Ragüel había prometido celebrar en honor de su hija, Tobías se presentó a él y le suplicó: «*Déjame regresar, porque seguramente mis padres deben pensar que ya no me verán más*». Ragüel le respondió: «*Quédate conmigo y yo mandaré mensajeros a tu padre para darle noticias tuyas*». Tobías dijo: «*No. Déjame ir al lado de ellos*». Entonces Ragüel le entregó a su esposa Sara y la mitad de todos sus bienes: bueyes, carneros, burros, camellos, ropas, plata y utensilios, y los despidió con alegría. Al despedirse de Tobías le dijo: «*Adiós, hijo, buen viaje. Que el Señor te guíe a ti y a tu esposa Sara por buen camino. ¡Ojalá alcance a ver a tus hijos antes de morir!*».

A su hija Sara le recomendó: «*Respeta a tus suegros, pues desde ahora son tus padres, igual que nosotros quienes te dimos la vida. Anda en paz, hija, y que siempre tenga buenas noticias tuyas*». Los abrazó y les dejó partir. Por su parte, Edna dijo a Tobías: «*Hijo querido. ¡Ojalá vuelvas para ver tus hijos antes de morir! Confío mi hija a tu protección. No le causes tristeza*». Tobías salió de casa de Ragüel bendiciendo a Dios. Había llevado su viaje a tan feliz éxito; y bendijo a Ragüel y a su esposa Edna.

Tobías vuelve a casa de sus padres

Cuando llegaron cerca de Caserín, frente a Nínive, Rafael dijo a Tobías: «*Tú sabes en que situación, dejamos a tu padre; vámonos nosotros delante para preparar la casa antes de la llegada de tu esposa. Trae contigo la hiel*». También el perro los acompañaba y caminaba detrás de ellos. Mientras tanto, Ana, miraba el camino por el que debía volver su hijo; tuvo una corazonada y dijo a su marido: «*Ya viene tu hijo con el hombre que lo acompañó*». Mientras iban de camino hacia el padre, Rafael dijo a Tobías: «*Tengo la seguridad que tu padre abrirá los ojos. Úntale los ojos con la hiel del pez; él los frotará y caerán como escamas de sus ojos. Recobrará la vista y verá la luz».*

Ana al ver a su hijo, se le echó al cuello, diciendo: *«Por fin te he vuelto a ver, hijo. ¡Ahora ya puedo morir!»* Y se puso a llorar. Tobit también se levantó y, a tropezones, llegó a la puerta del patio. Tobías corrió hacia él, llevando en la mano la hiel del pez; sopló sobre los ojos, lo abrazó, y le dijo: *«Padre, ten confianza».* Le puso el remedio y esperó; y luego con las dos manos le sacó las escamas de los ojos. Tobit abrazó a su hijo, y llorando le dijo: *«Ahora te veo, hijo mío, luz de mis ojos».* Y añadió:

> *«¡Bendito sea Dios!*
> *¡Bendito su gran nombre!*
> *¡Bendito todos sus Ángeles!*
> *¡Bendito sea su nombre para siempre!*
> *porque me castigó, pero tuvo piedad,*
> *y ahora veo a mi hijo Tobías».*

Tobías entró muy contento, bendiciendo al Señor. Luego contó al padre el éxito de su viaje, cómo consiguió el dinero, y su matrimonio con Sara, hija de Ragüel, quien en ese momento, venía ya cerca de las puertas de Nínive. Tobit, contento y alabando a Dios, salió al encuentro de su nuera a la puerta de Nínive. Todos al verlo caminar sin ayuda de nadie quedaban maravillados. Tobit proclamaba delante de ellos que Dios había tenido piedad de él y lo había sanado. Después se acercó a Sara y la bendijo así: *«¡Bienvenida, hija! Bendito Dios por traerte hasta nosotros, y benditos tus padres».* Ese fue un día de alegría para todos los parientes de Tobit que vivían en Nínive. También Ajikar y Nabad, primos de Tobit, llegaron y celebraron las bodas durante siete días.

Tobit llamó a su hijo Tobías y le dijo: *«Hijo mío, es necesario que pagues su sueldo al hombre que te acompañó. Y debemos añadir algo más».* Respondió Tobías: *«Padre, no es demasiado si le doy la mitad de lo traído. Me ha devuelto sano y salvo, atendió a mi esposa, me guió para recuperar el dinero que tú habías prestado, sanó tu ceguera».* Tobit respondió: *«Así como tú dices, es lo que corresponde».* Entonces llamó al Ángel y le dijo: *«Recibe como sueldo la mitad de todo cuanto trajiste».* Pero el Ángel, tomándolos aparte, les dijo: *«Bendigan a Dios, denle gracias, proclamen su grandeza ante todos los vivientes por el favor que hizo en ustedes. Conviene ben-*

decir a Dios, celebrar Su nombre y revelar Sus obras. No demoren en darle gracias, ya que es bueno guardar el secreto del rey, pero conviene descubrir y alabar las obras de Dios. Practiquen el bien, porque así nunca los alcanzará el mal. Es buena la oración con ayuno, limosna y justicia. Es mejor tener poco con honradez que mucho con injusticia. Es mejor dar al pobre que amontonar tesoros. La limosna libra de la muerte y purifica de todo pecado. Los que dan limosna tendrán larga vida. Los pecadores y los injustos se dañan así mismos».

«Les voy a decir toda la verdad, sin ocultarles nada. Ya les manifesté que es bueno mantener oculto el secreto del rey y que también es bueno publicar las obras gloriosas de Dios. Sepan entonces: cuando tú y Sara rezaban, yo presentaba tus oraciones al Señor. Cuando enterrabas a los muertos, yo estaba junto a ti. Cuando te levantabas de la mesa para dar sepultura a los muertos, esto no se me pasó por alto, sino que estaba contigo. Ahora bien, Dios me ha enviado para sanarte a ti y a tu nuera. Yo soy Rafael, uno de los siete Ángeles que tienen entrada a la Gloria del Señor».

Temblaron entonces, y los dos cayeron con el rostro en tierra, llenos de terror. Él les dijo: *«No teman. La paz sea con ustedes. Bendigan siempre al Señor. Cuando andaba con ustedes, no estaba por mi propia voluntad, sino por voluntad de Dios. A Él deben bendecir y cantar todos los días. Ustedes me veían comer y hablar, pero sólo era apariencia. Bendigan ahora y den gracias al Señor; yo me voy al que me ha enviado. Escriban en un libro lo que se ha cumplido».* Y en seguida desapareció. Ellos se levantaron, pero ya no lo vieron más. Proclamaron entonces las obras grandes y maravillosas de Dios y cómo se les había aparecido el Ángel de Dios.

Tobit murió en paz a la edad de ciento doce años y fue sepultado dignamente en Nínive. Tenía sesenta y dos años cuando quedó ciego; después de recuperar la vista vivió feliz, practicó la limosna, alabó siempre a Dios y proclamó sus grandezas. Cuando estaba cercano a la muerte, llamó a Tobías y le dijo: *«Hijo mío toma a tus hijos y márchate a Media, porque creo en la palabra que pronunció Dios por medio de Nahum sobre Nínive. Todo lo dicho por los profetas de Israel enviados por Dios, sobre Asur y Nínive, se realizará; ninguna palabra se perderá; todo se cumplirá a su tiempo. Será más fácil salvarse en Media que en Asiria y Babilonia, porque sé y creo que todo cuanto ha dicho Dios se cumplirá».*

«Nuestros hermanos que viven en el país de Israel serán dispersados y desterrados de esa buena tierra, de manera que todo el país de Israel quedará desierto. Jerusalén y Samaria quedarán desiertas. La Casa de Dios será quemada por algún tiempo. Pero Dios tendrá una vez más compasión de ellos y volverán a su país; edificarán el Templo, aunque no como el primero, hasta que se cumpla el tiempo. Entonces volverán todos del destierro, construirán una Jerusalén maravillosa y en ella la Casa de Dios, como lo anunciaron los profetas de Israel. Las gentes de todas las naciones se convertirán y conocerán al Dios Verdadero. Dejarán los pueblos que los llevaron a sus errores y alabarán al Dios de la justicia. Todos los israelitas salvados aquellos días se acordarán sinceramente de Dios, y se reunirán, irán a Jerusalén y vivirán seguros y para siempre en la tierra de Abraham. Los que sinceramente aman a Dios, se alegrarán. Pero los pecadores e injustos desaparecerán de la tierra».

«Ahora yo les recomiendo servir a Dios y hacer lo que le agrada. Enseñen a sus hijos la justicia y la limosna. Enséñenles también a alabar a Dios y a bendecir Su nombre en todo tiempo y con todas sus fuerzas. Tú, hijo, cuando sepultes a tu madre aquí junto a mí, márchate de Nínive. Yo sé que aquí se cometen muchas injusticias y muchos engaños, y todos lo encuentran normal. Ya ves lo que hizo Nadab con Ajikar, que lo había criado: lo enterró vivo. Pero Dios castigo su injusticia. Sacó a Ajikar. Por dar limosna, se libró de la muerte tramada por Nadab; en cambio, éste cayo en la trampa y pereció. Vean ustedes a dónde lleva la limosna y a dónde la injusticia: a la muerte. Pero siento que me falta aliento».

Lo tendieron en la cama y murió. Se le dio honrosa sepultura. Cuando murió su madre, Tobías la enterró junto a su padre. Entonces, él y su familia se dirigieron a Media y se quedaron a vivir en Ecbátana junto a Ragüel. Llenó de atenciones a sus suegros en su vejez y los enterró en Ecbátana de Media. Heredó la casa de Ragüel y la de su padre Tobit. Murió cuando tenia ciento veintisiete años. Pero antes de morir conoció la ruina de Nínive y vio como los ninivitas eran desterrados por Nabucodonosor y Asuero.

Los Ángeles en los Salmos

En griego *psalmos*, en latín, *psalmus*, derivándose la palabra griega, de *psállo*, que quiere decir «tocar las cuerdas de un instrumento musical».

El salmo es una composición o cántico conteniendo alabanzas a Dios. Un ejemplo de ello, los compuestos por el rey David, numerados del 19 al 113. En el culto de la antigua sinagoga, se utilizaban los salmos, como parte de la liturgia judía. Las iglesias cristianas, adoptaron los salmos para su propia liturgia. La mayoría de los salmos, fueron compuestos por levitas (sacerdotes de los hebreos), tales como Asaf, Emán, Ethán y los coraitas, expresamente para el servicio en el templo. Los títulos de algunos salmos, señalan los días en que debían cantarse. Ejemplo, el 23, 37, 91 y 93. Otros estaban designados a peticiones: «Hallel egipcio» los 122 y 117. Estos salmos se cantaban en las solemnidades especiales y cuando los peregrinos subían a Jerusalén.

Jesús los empleó repetidas veces para refutar a sus adversarios; en las sinagogas, y también los pronunció en el Hallel pascual, en la última cena. Y en la cruz, dijo: *«Dios mío, Dios mío, porque me has desamparado»*, según nos narra San Mateo 28: 46, repitiendo lo escrito en el salmo 21. Siguiendo el ejemplo del Gran Maestro, sus discípulos los cantaban en sus reuniones y los recomendaban para todas las ocasiones de la vida diaria.

«Despiértate oh Dios, para ordenar el juicio. Que te rodeen Tus Ángeles y Tú presidirás desde lo alto» (Salmo 7: 8).

En los salmos también encontramos a los Ángeles, en varias de sus potestades (diversos coros y jerarquías). Mencionaremos aquí algunos, descritos en otros capítulos. En el 18, el salmista después de una batalla, da gracias a Dios Libertador. Comienza así: *«¡Como te quiero, oh Señor fuerza mía!... En mi angustia clamé al Señor, invoqué a mi Dios... y desde Su templo oyó mi voz, llegó mi clamor a Sus oídos... inclinó los cielos y descendió... montó en un Querubín y voló, planeó sobre las alas del viento, envuelto en un manto de tinieblas».*

En este salmo 18, se expresa el salmista figurativamente: representa a Dios como a alguien capaz de cabalgar sobre un Querubín. Esto es más que todo, elementos de retórica: alegorías, para hacer más comprensible lo que se quiere decir de Dios, especialmente, teniendo en cuenta la escasa cultura de la gente, en esa época.

«Por la palabra de Jehová, fueron hechos los cielos, y todo Su ejército por el espíritu de Su boca» (Salmo 33: 6 y 7).

Aquí, el salmista, se refiere al ejército de Ángeles que hizo el Señor.

«El pobre clamó, y oyólo Jehová. Y libróle de todas sus angustias. El Ángel de Jehová, acampa alrededor de quienes le temen, y los defiende» (Salmo 34: 6 y 7).

En otras versiones de la Biblia, en lugar de Ángel, dice: «el Mensajero del Señor» que viene siendo lo mismo, porque como ya es sabido, Ángel quiere decir mensajero. En cuanto a la expresión temer, más bien quiere decir respetar y amar. Este párrafo del salmo, ratifica lo dicho en otros salmos: Dios se vale de sus Ángeles para protegernos y para que ellos (los Ángeles) cumplan todos los mandatos y diligencias Divinas.

En el salmo 35, David pide venganza contra sus enemigos y le dice a Dios «*...levántate en mi ayuda... y vuelvan atrás y sean avergonzados quienes mi mal intentan. Sean como pelusa al viento empujados por el Ángel del Señor. Y el Ángel de Jehová los acose, y el Ángel de Jehová los persiga. Porque sin causa escondieron para mí, su red en un hoyo»* (Salmo 35: 5 y 6).

«Por eso los hombres se amparan bajo la sombra de tus alas» (Salmo 36: 7).

«Y en la sombra de tus alas me ampararé» (Salmo 57: 1).

¿Se refiere acaso el salmista a las alas de los Ángeles de Dios?

«Oh pastor de Israel, escucha; Tú que pastoreas como a ovejas a José, y estás entre Querubines, resplandece» (Salmo 80: 1).

«Yo mandé a Mis santificados.

Así mismo llamé a Mis valientes...

A los que se alegran con Mi gloria».

(Isaías 13: 3).

Los Ángeles en el
Nuevo Testamento

Los ángeles continúan en las páginas de la Biblia. En el nuevo testamento, son ellos los mensajeros del nacimiento de Jesús, y quienes están presentes en las situaciones más importantes de su vida.

Los Ángeles en el Evangelio de Mateo

José piensa repudiar a María

«Y pensando él en esto, he aquí el Ángel del Señor se le aparece en sueños, diciendo: José, hijo de David, no temas de recibir a María tu mujer, porque lo que en ella es engendrado, del Espíritu Santo es. Y parirá un hijo y llamarás su nombre Jesús, porque él salvará a su pueblo de sus pecados».

«Todo esto aconteció para que se cumpliese lo dicho por el Señor, a través del profeta: he aquí la virgen concebirá y parirá un hijo, y llamarás su nombre Enmanuel, que declarado es: Dios con nosotros. Y despertando José del sueño, hizo como el Ángel del Señor le había mandado y recibió a su mujer. Y no la conoció hasta que parió a su hijo primogénito. Y llamó su nombre Jesús» (Mateo 1: 20 al 25).

El Ángel evita que Herodes mate al Niño

«Y partidos ellos, he aquí el Ángel del Señor aparece en sueños a José diciendo: levántate y toma al niño y a su madre, y huye a Egipto, estate allá hasta que yo te lo diga; porque ha de acontecer, que Herodes buscará al niño para matarlo» (Mateo 2: 13).

«Más muerto Herodes, he aquí el Ángel del Señor aparece en sueños a José en Egipto, diciéndole: levántate, y toma al niño y a su madre, y vete a tierra de Israel; muertos son los que procuraban la muerte del niño» (Mateo 2: 19 y 20).

El demonio menciona a los Ángeles.

«Y le dice: si eres hijo de Dios, échate abajo; escrito está: a sus Ángeles mandará por ti, y te alzarán en las manos, para que nunca tropieces con tu pie en piedra» (Mateo 4: 6).

Jesús explica los sentimientos de quienes

han resucitado

«Porque en la resurrección, ni los hombres tomarán mujeres, ni las mujeres maridos; más son como los Ángeles de Dios en el cielo. Y de la resurrección de los muertos, ¿no habéis leído lo que se os ha dicho por Dios, quien dice: Yo Soy el Dios de Isaac, y el Dios de Jacob? Dios no es Dios de muertos, sino de vivos» (Mateo 22: 30 al 32).

Los Ángeles en el Juicio Final

«Enviará el Hijo del Hombre a Sus Ángeles y cogerán de Su reino todos los escándalos y los que hacen iniquidad» (13: 39).

«Y enviará a Sus Ángeles con gran voz de trompeta, y juntarán Sus escogidos de los cuatro vientos, de un cabo del cielo al otro» (13: 41).

«Empero del día y de la hora nadie sabe, ni aun los Ángeles de los cielos, sino mi Padre sólo» (24: 36).

«Y cuando el Hijo del Hombre venga en su gloria y todos los santos Ángeles con él, entonces se sentará sobre el trono de su gloria» (25: 31).

Resurrección del Señor

«Y la víspera del sábado, que amanece para el primer día de la semana, vino María Magdalena, y la otra María a ver el sepulcro. Y he aquí fue hecho un gran terremoto: porque el Ángel del Señor descendió del cielo y llegando, había revuelto la piedra y estaba sentado sobre ella».

«Su aspecto era como un relámpago, y su vestido blanco como la nieve. Y de miedo de él, los guardas se asombraron y fueron vueltos como muertos. Y el Ángel dijo a las mujeres: No temáis vosotras; yo sé que buscáis a Jesús que fue crucificado. No está aquí, porque ha resucitado como dijo» (28: 1 al 6).

Los Ángeles en el Evangelio de Marcos

El ayuno en el desierto

«Estuvo allí en el desierto cuarenta días, y era tentado de Satanás; y estaba con las fieras; y los Ángeles le servían».
«Y vino una nube del cielo que les hacía sombra». La misma **nube** del desierto del Sinaí (Marcos 9: 7).

La Naturaleza Angélica

«Porque cuando resucitarán los muertos, ni se casarán, ni serán dados en casamiento, más son como los Ángeles que están en los cielos» (Marcos 12: 25).

Juicio Final

«Y entonces enviará sus Ángeles, y juntará a sus escogidos de los cuatro vientos, del cabo de la tierra...» (13: 27).
«Empero de aquel día y de la hora, nadie sabe; ni aun los Ángeles que están en el cielo, ni el Hijo, sino el Padre» (13: 32).

Resurrección

«Y como pasó el sábado, María Magdalena y María madre de Jacobo y Salomé, compraron drogas aromáticas para venir a ungirlo... Ven la piedra abierta, que era muy grande. Y entradas en el sepulcro, encontraron un mancebo sentado en el lado derecho, cubierto de una larga ropa blanca y se espantaron. Más él les dice: no os asustéis...» (Marcos 16: 1 al 6).

«Como no puede ser contado el Ejército del cielo, ni la arena de la mar se puede medir...».

(Jeremías 33: 22).

Los Ángeles en el Evangelio de Lucas

«Y se le apareció el Ángel del Señor puesto en pie, a la derecha del altar del incienso... Más el Ángel le dijo: Zacarías, no temas; porque tu oración ha sido oída y tu mujer Elizabeth te parirá un hijo y llamarás su nombre Juan...» (capítulo 1).

«Y dijo Zacarías al Ángel: ¿en qué conoceré esto? Porque yo soy viejo y mi mujer en edad avanzada. Y respondiendo el Ángel le dijo: yo soy Gabriel, que estoy delante de Dios; y soy enviado a hablarte y a darte buenas nuevas» (capítulo 1).

«...el Ángel Gabriel fue enviado de Dios a una ciudad de Galilea llamada Nazaret, a una virgen desposada con un varón llamado José, de la casa de David; y el nombre de la virgen era María. Y entrando el Ángel a donde estaba, dijo: salve, muy favorecida, el Señor es contigo; bendita tú, entre todas las mujeres».

«Más ella cuando le vio, turbóse de sus palabras y pensaba, qué salutación fuese ésta. Entonces, el Ángel le dijo: María no temas, porque has hallado gracia cerca de Dios... Entonces María dijo al Ángel: ¿Cómo será esto? porque no conozco varón. Y respondiendo, el Ángel le dijo: el Espíritu Santo vendrá sobre ti, y la Virtud del Altísimo te hará sombra; por lo cual, lo Santo que nacerá, será llamado Hijo de Dios. Y he aquí que tu parienta Elizabeth, ha concebido un hijo en su vejez; este es su sexto mes, ella que ha sido llamado estéril. Porque ninguna cosa es imposible para Dios».

«Entonces, María dijo: he aquí la sierva del Señor, hágase en mí, conforme a tu palabra. Y el Ángel partió de ella» (Lucas 1: 11 al 19).

Los Ángeles Anuncian el Nacimiento de Jesús

«El Ángel del Señor vino sobre ellos, y la claridad de Dios, los cercó de resplandor; y tuvieron gran temor: más el Ángel les dijo no temáis; porque he aquí os doy nuevas de gran gozo, para todo el pueblo: os ha nacido hoy, en la ciudad de David, un Salvador: es Cristo el Señor...».

«Y repentinamente fue con el Ángel una multitud de los **ejércitos celestiales**, alabando a Dios... Y aconteció que como los Ángeles se fueron de ellos, [se retiraron de donde estaban los pastores] al cielo...» (Lucas 2: 9 al 15).

«…porque escrito está: a Sus Ángeles mandará de ti, para que te guarden; Y en las manos te llevarán porque no dañes tu pie en piedra…» (Lucas 4: 10, 11).

JESÚS REVELA LA IMPORTANCIA JERÁRQUICA DE LOS ÁNGELES

*«Porque os digo que entre los nacidos de mujeres, no hay mayor profeta que Juan el Bautista: empero, **el más pequeño en el reino de los cielos**, es mayor que él»* (Lucas 7: 18). Destaca el poder de los Ángeles.

«Porque el que se avergonzare de mí y de mis palabras, el Hijo del Hombre se avergonzará de él, cuando viniere en su gloria, y del Padre, y de los santos Ángeles» (Lucas 9: 26).

LOS ÁNGELES TOMAN FORMA DE NUBE

*«…Y estando él hablando esto, vino **una nube** que los cubrió; y tuvieron temor… entrando ellos en **la nube**. Y vino una voz de **la nube** que decía: este es mi hijo amado, a él, oíd»* (Lucas 9: 34 y 35).

IMPORTANCIA DE LOS ÁNGELES EN LA VIDA ESPIRITUAL

«Y os digo: todo aquel que me confesare delante de los hombres, también el Hijo del Hombre le confesará delante de los Ángeles de Dios; más quien me negare delante de los hombres, será negado delante de los Ángeles de Dios. Y todo aquel que dice palabra contra el Hijo del Hombre, le será perdonado; más al que blasfemare contra el Espíritu Santo, no le será perdonado» (Lucas 11: 8 y 9). En estas palabras de Jesús, le da una gran relevancia y jerarquía a los Ángeles; una importancia casi igual a la de Dios.

«Y aconteció que murió el mendigo y fue llevado por los Ángeles al seno de Abraham…» (Lucas 16: 22).

«Más los tenidos por dignos de aquel siglo y de la resurrección de los muertos, ni se casan, ni son dados en mandamiento: porque no pueden ya más morir: porque son iguales a los Ángeles… Porque Dios no es Dios de muertos, más de vivos» (Lucas 20: 35 al 37).

«…Padre, si quieres, pasa este vaso de mí, empero, no se haga mi voluntad, sino la tuya. Y le apareció un Ángel del cielo, confortándole» (Lucas 22: 42 y 43).

LOS ÁNGELES EN LA RESURRECCIÓN

«...Y entrando, no hallaron el cuerpo del señor Jesús. Y aconteció, que estando espantadas de esto, he aquí se pararon junto a ellas **dos varones con vestiduras resplandecientes**» (Lucas 23: 5).

Los Ángeles en el Evangelio de Juan

Jesús Habla de los Ángeles

Jesús llama a sus discípulos y les dice: *«De cierto, de cierto os digo: de aquí en adelante veréis el cielo abierto y los Ángeles de Dios que suben y descienden sobre el hijo del hombre»* (Juan 1: 51).

«Y la gente presente, había oído y decía que había sido trueno. Otros afirmaban: Ángel le ha hablado. Respondió Jesús, y dijo: no ha venido **esta voz** *por mi causa, más por causa de vosotros»* (Juan 12: 29 y 30).

Resurrección de Jesús

«Empero María [Magdalena] *se encontraba fuera llorando junto al sepulcro y estando llorando, bajóse a mirar al sepulcro y vio dos Ángeles en ropas blancas sentados el uno a la cabecera y el otro a los pies, donde el cuerpo de Jesús había estado puesto»* (Juan 19: 11 y 12).

Ruedas o Tronos, de acuerdo a las visiones descritas por los profetas.

Los Ángeles en los Hechos

de los Apóstoles

Este libro complementa lo que no se escribió en los cuatro evangelios, además de la historia de lo sucedido luego de la muerte y resurrección de Jesucristo, hasta el año 62 de nuestra era.

*«Y estando con los ojos puestos en el cielo, entre tanto que él iba, he aquí **dos varones** se pusieron junto a ellos en vestidos blancos. Los cuales también les dijeron: varones galileos; ¿qué estáis mirando al cielo? Este mismo Jesús que ha sido tomado desde vosotros, así vendrá como lo habéis visto ir al cielo»* (Hechos 1: 10 y 11).

«Y echaron mano a los apóstoles, y pusiéronles en la cárcel pública. Más el Ángel del Señor, abriendo de noche las puertas de la cárcel, y sacándolos, dijo: id y estando en el templo, hablad al pueblo todas las palabras de esta vida» (Hechos 5: 18 al 20).

*«Y cumplidos cuarenta años, un Ángel se le apareció en el desierto del monte Sinaí, en **fuego de llama de una zarza**».*

«Entonces Moisés mirando, se maravilló de la visión: y llegándose para considerar, fue hecha a él voz del Señor» (Hechos 7: 30 y 31).

«A este Moisés, al cual habían rehusado, diciendo: ¿quién te ha puesto por príncipe y juez? A este envió Dios por príncipe y redentor con la mano del Ángel que le apareció en la zarza» (Hechos 7: 35).

«Que recibisteis la ley por disposición de Ángeles, y no lo guardasteis» (Hechos 7: 53).

«Empero el Ángel del Señor habló a Felipe, diciendo: levántate y ve hacia el mediodía, al camino que desciende de Jerusalén a Gaza...» (Hechos 8: 26 y 27).

«Y había un varón en Cesárea llamado Cornelio, centurión de la compañía que se llamaba la Italiana. Pío y temeroso de Dios con toda su casa, y que hacía muchas limosnas al pueblo, y oraba a Dios siempre».

«Este vio en visión manifiestamente, como a la hora nona del día,

que un Ángel de Dios entraba a él, y le decía: Cornelio».

«Y él espantado, dijo: ¿qué es, Señor? Y díjole: tus oraciones y tus limosnas han subido en memoria a la presencia de Dios. Envía pues ahora, hombres a Joppe, y haz venir a un Simón, que tiene por sobrenombre Pedro».

«Este posa en casa de un Simón, curtidor, que tiene su casa junto a la mar: él te dirá lo que te conviene hacer. E ido el Ángel que hablaba con Cornelio, éste llamó a dos de sus criados, y un devoto soldado de los que le asistían» (Hechos 10: 1 al 7).

«Y un día señalado, Herodes vestido de ropa real, se sentó en el tribunal, y arengóles. Y el pueblo aclamaba: voz de Dios, y no de hombre. Y luego el Ángel del Señor le hirió, por cuanto no dio la gloria a Dios; y expiró comido de gusanos» (Hechos 12: 21 al 23).

«Porque esta noche ha estado conmigo el Ángel del Dios del cual yo soy y al cual sirvo, diciendo: Pablo, no temas; es menester que seas presentado delante de Cesar; y he aquí, Dios te ha dado todos los que navegan contigo» (Hechos 27: 23 y 24).

«Entonces Cornelio dijo: cuatro días ha que a esta hora yo estaba ayuno; y a la hora de nona estando orando en mi casa, y he aquí, **un varón** se puso delante de mí **en vestido resplandeciente**».

«Y he aquí, el Ángel del Señor sobrevino, y una luz resplandeció en la cárcel, e hiriendo a Pedro en el lado, le despertó, diciendo: levántate prestamente. Y las cadenas se le cayeron de las manos. Y le dijo el Ángel: cíñete, y átate tus sandalias, y lo hizo así. Y le dijo: ponte tu ropa, y sígueme. Y saliendo, le seguía; y no sabía que era verdad lo que hacía el Ángel, más pensaba era una visión».

«Y como pasaron la primera y la segunda guardia, vinieron a la puerta de hierro que va a la ciudad, la cual se les abrió de suyo: y salidos, pasaron una calle; y luego el Ángel se aparto de él. Entonces Pedro, volviendo en sí, dijo: ahora entiendo verdaderamente. El Señor ha enviado su Ángel, y me ha librado de la mano de Herodes, y de todo el pueblo de los judíos que me esperaba» (Hechos 12: 7 al 11).

«Y ellos le dijeron: Estás loca. Más ella afirmaba que así era. Entonces ellos decían: su Ángel es» (Hechos 12: 15).

Los Ángeles en las Cartas de San Pablo

Como ya se dijo antes, Pablo era un gran místico, erudito en conocimientos esotéricos y letrado. Gracias a su cultura, se impuso inmediatamente, sobre los demás apóstoles que sí convivieron con Jesucristo. Inclusive sobre el mismo Pedro un humilde pescador y con quién sostuvo enconadas controversias sobre la doctrina por afianzar. Pablo sabía mucho sobre los Ángeles y es por ello que los menciona con frecuencia en sus misivas.

«¿O no sabéis que hemos de juzgar a los Ángeles? ¿Cuánto más las cosas de este siglo?» (Corintios 6: 3).

«Por lo cual, la mujer debe tener señal de potestad sobre su cabeza, por causa de los Ángeles» (Corintios 11: 10).

*«Y **cuerpos hay celestiales**, y cuerpos terrestres; más ciertamente una es la gloria de **los celestiales**, y otra la de los terrestres»* (Corintios 15: 40).

«Más aún si nosotros o un Ángel del cielo os anunciare otro evangelio del que os hemos anunciado, sea anatema» (Gálatas 1: 8).

«Y no desechasteis ni menospreciasteis mi tentación que estaba en mi carne: antes me recibisteis como a un Ángel de Dios, como a Cristo Jesús» (Gálatas 4: 14).

«Porque el mismo Señor con aclamación, con voz de Arcángel, y con trompeta de Dios, descenderá del cielo; y los muertos en Cristo resucitarán primero» (Tesalonicenses 4: 16).

«Más os habéis llegado al Monte de Sión, y a la ciudad del Dios vivo, Jerusalén la celestial, y a la compañía de muchos millares de Ángeles» (Hebreos 12: 22).

«No olvidéis la hospitalidad, porque por ésta, algunos, sin saberlo, hospedaron Ángeles» (Hebreos 13: 2).

LOS ÁNGELES EN EL APOCALIPSIS

Apocalipsis quiere decir «Revelaciones». En la época de Juan, quien antes de esta obra escribió tres cartas en un estilo muy parecido al de los apóstoles, existían varios libros muy populares entre los judíos, donde se hablaba de Ángeles, de monstruos y cataclismos. Esos textos se llamaban Revelaciones.

Según la Biblia, las revelaciones obtenidas por Juan en la isla de Patmos, fueron obra del Espíritu Santo. Es un libro atemorizante, muy complejo y presto a diversas interpretaciones, facilitando que unas corrientes filosóficas religiosas infieran una cosa, y otros piensan todo lo contrario. Mi intención no es descifrar lo que quiere decir Juan en este libro, sino destacar la importancia dado en él a los Ángeles como asistentes de Dios, para el cumplimiento de todos sus decretos y todas sus leyes.

*«Escribe al Ángel de la iglesia en Efeso: **el que tiene las siete estrellas en su diestra**, el cual anda en medio **de los siete candeleros de oro**, dice estas cosas»* (Apocalipsis 2: 1).

«Y escribe al Ángel de la iglesia en Smirna: el primero, y postrero, que fue muerto, vivió, dice estas cosas» (Apocalipsis 2: 8).

*«Y escribe al Ángel de la iglesia en Pergamo: **el que tiene la espada** aguda de dos filos, dice estas cosas»* (Apocalipsis 2: 12).

*«Y escribe al Ángel de la iglesia en Tiatira: **el Hijo de Dios, que tiene sus ojos como llama de fuego**, y sus pies semejantes al latón fino, dice estas cosas»* (Apocalipsis 2: 18).

*«Y escribe al Ángel de la iglesia en Sardis: el que tiene **los siete Espíritus de Dios**, y las **siete estrellas**, dice estas cosas: Yo conozco tus obras, que tienes nombre que vives y estás muerto»* (Apocalipsis 3: 1).

«El que venciere, será vestido de vestiduras blancas; y no borraré su nombre del libro de la vida, y confesaré su nombre delante de mi Padre, y delante de sus Ángeles» (Apocalipsis 3: 5).

Nota: los textos que están en negrillas se refieren a Ángeles. Hay Ángeles que tienen presencia parecida a la humana, y otros «vivientes». Muy difícil de describir. También una gran compañía, es lo mismo que un gran batallón del ejército celestial.

«Y escribe al Ángel de la iglesia en Filadelfia: estas cosas dice el Santo, el Verdadero, el que tiene la llave de David, el que abre y ninguno cierra, y cierra y ninguno abre» (Apocalipsis 3: 7).

«Y escribe al Ángel de la iglesia en Laodicea: he aquí dice el Amén, **el testigo fiel y verdadero, el principio** de la creación de Dios» (Apocalipsis 3: 14).

«Y del trono salían relámpagos y truenos y voces: **y siete lámparas de fuego estaban ardiendo delante del trono**, las cuales son los **siete Espíritus de Dios**. Y delante del trono había como un mar de vidrio semejante al cristal; y en medio del trono, y alrededor del trono, **cuatro animales llenos de ojos delante y detrás**».

«Y **el primer animal era semejante a un León**: y el **segundo animal, semejante a un becerro, y el tercer animal tenía, la cara como de hombre, y el cuarto animal, semejante a una águila volando**, y los cuatro animales no tenían reposo día y noche, diciendo: Santo, santo, santo el Señor Dios Todopoderoso, que era, y que es, y que ha de venir. Y cuando **aquellos animales** daban gloria y honra y alabanza al que estaba sentado en el trono, al que vive para siempre jamás» (Apocalipsis 4: 5 al 9).

«Y vi un fuerte Ángel predicando en alta voz: ¿quién es digno de abrir el libro, y de desatar sus sellos? Y ninguno podía, ni en el cielo, ni en la tierra, ni debajo de la tierra, abrir el libro, ni mirarlo» (Apocalipsis 5: 2 y 3).

«Y cuando hubo tomado el libro, **los cuatros animales** y los veinticuatro ancianos se postraron delante del Cordero, teniendo cada uno arpas, y copas de oro llenas de perfumes, que son las oraciones de los santos» (Apocalipsis 5: 8).

«Y miré, y oí voz de muchos Ángeles alrededor del trono, y de **los animales**, y de los ancianos; y la multitud de ellos era **millones de millones**, que decían en alta voz: el Cordero que fue inmolado es digno de tomar el poder y riquezas y sabiduría, y fortaleza y honra y gloria y alabanza» (Apocalipsis 5: 11 y 12).

«Y los **cuatros animales** decían: Amén. Y los veinticuatro ancianos cayeron sobre sus rostros, y adoraron al que vive para siempre jamás» (Apocalipsis 5: 14).

«Y miré cuando el Cordero abrió uno de los sellos, y oí a uno de los **cuatro animales** diciendo como con una voz de trueno: ven y ve. Y miré, y he aquí un **caballo blanco**: y **el que estaba senta-do encima de él** tenía un arco; y le fue dada una corona, y salió victorioso, para que también venciese».

«Y cuando él abrió el segundo sello, oí al **segundo animal**, que decía: ven y ve. Y salió otro **caballo bermejo**: y **al que estaba sentado sobre el**, fue dado poder de quitar la paz de la tierra, y que se maten unos a otros: y fuele dada una grande espada. Y cuando él abrió el tercer sello, oí al **tercer animal**, que decía: ven y ve».

«Y miré, y he aquí un **caballo negro**: y **el que estaba senta-do encima de él**, tenía un peso en su mano. Y oí una voz en medio de los **cuatro animales**, que decía: dos libras de trigo por un denario; y seis libras de cebada por un denario: y no hagas daño al vino ni al aceite» (Apocalipsis 6: 1 al 6).

«Y vi los siete Ángeles que estaban delante de Dios; y les fueron dadas siete trompetas. Y otro Ángel vino, y se paró delante del altar, teniendo un incensario de oro, y le fue dado mucho incienso para que lo añadiese a las oraciones de todos los santos sobre el altar de oro que estaba delante del trono».

«Y el humo del incienso subió de la mano del Ángel delante de Dios, con las oraciones **de los santos**. Y el Ángel tomó el incensa-rio, y lo llenó del fuego del altar, y echólo en la tierra; y fueron hechos truenos y voces y relámpagos y terremotos. Y los siete Án-geles que tenían las siete trompetas, se aparejaron para tocar. Y el primer Ángel toco la trompeta, y fue hecho granizo y fuego, mez-clado con sangre, y fueron arrojados a la tierra; y la tercera parte de los árboles fue quemada, y quemóse toda la hierba verde. Y el se-gundo Ángel tocó la trompeta, y como un grande monte ardiendo con fuego fue lanzado en la mar; y la tercera parte de la mar se tornó en sangre».

«Y murió la tercera parte de las criaturas que estaban, las cuales tenían vida; y la tercera parte de los navíos pereció. Y el tercer Ángel tocó la trompeta, y cayó del cielo una grande estrella ardien-do como una antorcha, y cayó en la tercera parte de los ríos, y en las fuentes de las aguas» (Apocalipsis 8: 2 al 10).

«Y el cuarto Ángel tocó la trompeta, y fue herida la tercera parte del sol, y la tercera parte de la luna, y la tercera parte de las estrellas de tal manera que se oscureció la tercera parte de ellos, y no alumbraba la tercera parte del día, y lo mismo de la noche. Y miré, y oí un Ángel volar por medio del cielo, diciendo en alta voz: ¡Ay! ¡Ay! ¡Ay! de los que moran en la tierra, por razón de las otras voces de trompetas de los tres Ángeles que han de tocar» (Apocalipsis 8: 12 y 13).

«Y el quinto Ángel tocó la trompeta, y vi una estrella que cayó del cielo en la tierra: y le fue dada la llave del pozo del abismo» (Apocalipsis 9: 1).

«Y el sexto Ángel tocó la trompeta; y oí una voz de **los cuatro cuernos del altar del oro** que estaba delante de Dios. Diciendo al sexto Ángel que tenía la trompeta: desata los cuatro que están atados en el gran río Eúfrates. Y fueron desatados los cuatros Ángeles que estaban aparejados para la hora y día y mes y año, para matar la tercera parte de los hombres» (Apocalipsis 9: 13 al 15).

«Y vi otro Ángel fuerte descender del cielo, cercado de **una nube**, y el **arco celeste** sobre su cabeza; y su rostro era como el sol, y sus pies como columnas de fuego. Y tenía en su mano un librito abierto y puso su pie derecho sobre el mar, y el izquierdo sobre la tierra; y clamó con grande voz, como cuando un león ruge: y cuando hubo clamado **siete truenos** hablaron sus voces. Y cuando **los siete truenos** hubieron hablado, sus voces, yo iba a escribir y oí **una voz del cielo** que me decía: sella las cosas que **los siete truenos** han hablado, y no las escribas. Y el Ángel que vi estar sobre el mar y sobre la tierra, levantó su mano al cielo, y juró por el que vive para siempre jamás, creador del cielo y las cosas que están en ella y el mar y las cosas que están en él, que el tiempo no será más».

«Pero en los días de la voz del séptimo Ángel, cuando él comenzare a tocar la trompeta, el misterio de Dios será consumado, como él lo anunció a sus siervos los profetas. Y **la voz que oí** del cielo hablaba otra vez conmigo, y decía: toma, y trágalo; y él te hará amargar tu vientre, pero en tu boca será dulce como la miel. Y tomé el librito de la mano del Ángel, y lo devoré; y era dulce en mi boca como la miel; y cuando lo hube devorado, fue amargo en mi vientre. Y **él me dice**: necesario es que otra vez profetices a muchos pueblos y gentes y lenguas y reyes» (Apocalipsis 10: 1 al 11).

«Y vi otro Ángel volar por en medio del cielo, que tenía el evangelio eterno para predicarlo a los que moran en la tierra, y a toda nación y tribu y lengua y pueblo. Diciendo en alta voz: temed a Dios, y dadle honra; porque la hora de su juicio es venida; y adorad a Aquel que ha hecho el cielo y la tierra y el mar y las fuentes de las aguas. Y otro Ángel le siguió diciendo: ha caído, ha caído Babilonia, aquella grande ciudad, porque ella ha dado a beber a todas las naciones del vino del furor de su fornicación. Y el tercer Ángel los siguió, diciendo en alta voz: si alguno adora la bestia y a su imagen, y toma la señal en su frente, o en su mano, este también beberá del vino de la ira de Dios, el cual está echado puro en el cáliz de su ira, y será atormentado con fuego y azufre delante de los santos Ángeles, y delante del Cordero» (Apocalipsis 14: 6 al 10).

«Y miré, y he aquí una **nube blanca**; y sobre **la nube** uno sentado **semejante al Hijo del Hombre**, que tenía en su cabeza una corona de oro, y en su mano una hoz aguda. Y otro Ángel salió del templo, clamando en alta voz al que estaba sentado sobre **la nube**: Mete tu hoz, y siega; porque la hora de segar te es venida, porque la mies de la tierra está madura».

«Y **el que estaba sentado** sobre **la nube** echó su hoz sobre la tierra, y la tierra fue segada. Y salió otro Ángel del templo que está en el cielo, teniendo también una hoz aguda. Y otro Ángel salió del altar, el cual tenía poder sobre el fuego, y clamó con gran voz al que tenía la hoz aguda diciendo: mete tu hoz aguda, y vendimia los racimos de la tierra; porque están maduras sus uvas. Y el Ángel echó su hoz aguda en la tierra, y vendimió la viña de la tierra, y echó la uva en el grande lagar de la ira de Dios» (Apocalipsis 14: 14 al 19).

«Y vi otra señal en el cielo, grande y admirable, que eran siete Ángeles que tenían las siete plagas postreras; porque en ellas es consumada la ira de Dios» (Apocalipsis 15: 1).

«Y salieron del templo siete Ángeles, que tenían siete plagas, vestidos de un lino limpio y blanco, y ceñidos alrededor de los pechos con bandas de oro. Y uno de los **cuatros animales** dio a los siete Ángeles siete copas de oro, llenas de la ira de Dios, que vive para siempre jamás».

«Y fue el templo lleno de humo por la majestad de Dios, y por su potencia; y ninguno podía entrar en el templo, hasta que fuesen consumadas las siete plagas de los siete Ángeles» (Apocalipsis 15: 6 al 8).

«Y oí una gran voz del templo, que decía a los siete Ángeles: id, y derramad las siete copas de la ira de Dios sobre la tierra. Y fue el primero, y derramó su copa sobre la tierra, y vino una plaga mala y dañina sobre los hombres que tenían la señal de la bestia, y sobre *los que adoraban su imagen».*

«Y el segundo Ángel derramó su copa sobre el mar, y se convirtió en sangre como de un muerto; y toda alma viviente fue muerta en el mar. Y el tercer Ángel derramó su copa sobre los ríos, y sobre las fuentes de las aguas, y se convirtieron en sangre. Y oí al Ángel de las aguas, que decía: justo eres tú, oh Señor, que eres y que eras el Santo, porque has juzgado estas cosas» (Apocalipsis 16: 1 al 5).

«Y oí a otro Ángel del altar, que decía: ciertamente, Señor Dios Todopoderoso, tus juicios son verdaderos y justos. Y el cuarto Ángel derramó su copa sobre el sol; y le fue dado quemar a los hombres con fuego» (Apocalipsis 16: 7 y 8).

«Y el quinto Ángel derramó su copa sobre la silla de la bestia; y su reino se hizo tenebroso, y se mordían sus lenguas de dolor» (Apocalipsis 16: 10).

«Y el sexto Ángel derramó su copa sobre el gran río Eúfrates; y el agua de él se secó, para que fuese preparado el camino de los reyes del Oriente» (Apocalipsis 16: 12).

«Y el séptimo Ángel derramó su copa por el aire; y salió una **grande voz del templo del cielo**, *del trono, diciendo: hecho es»* (Apocalipsis 16: 17).

«Y vino uno de los siete Ángeles que tenían las siete copas, y habló conmigo, diciéndome: ven acá, y te mostraré la condenación de la grande ramera, la cual está sentada sobre muchas aguas» (Apocalipsis 17: 1).

«Y el Ángel me dijo: ¿por qué te maravillas?»

«Yo te diré el misterio de la mujer, y de la bestia que la trae, la cual tiene siete cabezas y diez cuernos» (Apocalipsis 17: 7).

«Y después de estas cosas vi otro Ángel descender del cielo teniendo grande potencia; y la tierra fue alumbrada de su gloria» (Apocalipsis 18: 1).

«Y un Ángel fuerte tomó una piedra como una grande piedra de molino, y la echó en la mar, diciendo: con tanto ímpetu será derribada Babilonia, aquella grande ciudad, y nunca jamás será hallada. Y voz de tañedores de arpas, y de músicos, y de tañedores de flautas y de trompetas, no será más oída en ti; y todo artífice de cualquier oficio, no será más hallado en ti; y el sonido de muela no será más en ti oído:» (Apocalipsis 18: 21 y 22).

«Después de estas cosas oí una **gran voz de gran compañía** *en el cielo, que decía: Aleluya: Salvación y honra y gloria y poten-*

cia al Señor Dios nuestro. Porque sus juicios son verdaderos y justos; porque Él ha juzgado a la grande ramera, que ha corrompido la tierra con su fornicación, y ha vengado la sangre de sus siervos de la mano de ella. Y otra vez dijeron: Aleluya. Y su humo subió para siempre jamás. Y los veinticuatro ancianos y los **cuatro animales** se postraron en tierra y adoraron a Dios que estaba sentado sobre el trono, diciendo: Amén: Aleluya» (Apocalipsis 19: 1 al 4).

«Y oí como la voz de una **gran compañía**, y como el **ruido de muchas aguas**, y como la **voz de grandes truenos**, que decía: Aleluya: porque reinó el Señor nuestro Dios Todopoderoso» (Apocalipsis 19: 6).

«Y él me dice: escribe: bienaventurados los que son llamados a la cena del Cordero. Y me dijo estas palabras de Dios son verdaderas. Yo me eché a sus pies para adorarle. Y él me dijo: mira que no lo hagas: yo soy siervo contigo, y con tus hermanos que tienen el testimonio de Jesús: adora a Dios; porque el testimonio de Jesús es el espíritu de la profecía» (Apocalipsis 19: 9 y 10).

«Y estaba vestido de una ropa teñida en sangre: y su nombre es llamado EL VERBO DE DIOS. Y **los ejércitos** que están en el cielo le seguían en **caballos blancos**, vestidos de lino finísimo, blanco y limpio» (Apocalipsis 19: 13 y 14).

«Y vi un Ángel que estaba en el sol, y clamó con gran voz, diciendo a todas las aves que volaban por medio del cielo: Venid, y congregaos a la cena del gran Dios» (Apocalipsis 19: 17).

¿Este es el Arcángel Miguel o Gabriel?

«Y vi un ángel descender del cielo, que tenía la llave del abismo, y una grande cadena en su mano» (Apocalipsis 20: 1).

«Y vino a mí uno de los siete Ángeles que tenían las siete copas llenas de las siete postreras plagas, y habló conmigo, diciendo: ven acá, yo te mostraré la esposa, mujer del Cordero» (Apocalipsis 21: 9).

«Y tenía un muro grande y alto con doce puertas; y en las puertas, doce Ángeles, y nombres escritos, que son los de las doce tribus de los hijos de Israel» (Apocalipsis 21: 12).

«Y midió su muro, ciento cuarenta y cuatro codos, de medida de hombre la cual es del Ángel» (Apocalipsis 21: 17).

El Ángel Continúa Mostrando

*«Después me mostró un **río limpio de agua de vida, res-**
plandeciente como cristal, que salía del trono de Dios y del
Cordero»* (Apocalipsis 22: 1).

*«Y me dijo: Estas palabras son fieles y verdaderas. Y el Señor
Dios de los santos profetas ha enviado su Ángel, para mostrar a sus
siervos las cosas que es necesario que sean hechas presto»* (Apocalipsis 22: 6).

*«Yo Juan soy el que ha oído y visto estas cosas. Y después que
hube oído y visto, me postré para adorar delante de los pies del
Ángel que me mostraba estas cosas»* (Apocalipsis 22: 8).

*Ser alado arrodillado ante el árbol sagrado. Este frag-
mento de un panel de pared, perteneció al palacio de
Asnur-Nasir-Apal II, en el sigo IX antes de Cristo.*

LA CREENCIA EN LOS ÁNGELES

La creencia y devoción en los Ángeles va en progresivo aumento a nivel mundial. En Estados Unidos, el país de las encuestas, se hizo en 1978, una sobre quienes creían en los Ángeles: el resultado fue el siguiente: cincuenta y cuatro por ciento tenían el conocimiento de su existencia. Demostrando las encuestas que, quienes afirmaban la vida angelical eran personas pertenecientes a estratos de mayor educación y de gente joven.

Una encuesta realizada en 1988, demostró que el porcentaje va en aumento, especialmente en la población de menores de veinte años. Según escrutinio realizado por la revista Time, que dedicó su portada de diciembre de 1993 y ocho páginas interiores al tema de los Ángeles, el 69 por ciento de la población de Los Estados Unidos de Norteamérica cree en los Ángeles.

Actualmente, en 1994 (cuando me encuentro escribiendo este libro), en Estados Unidos, La Harvard Divinity School tiene cursos sobre Ángeles. Boston College también, no solamente uno, sino dos cursos sobre Ángeles. La mayoría de las librerías en EE.UU., han tenido que dedicar una sección exclusivamente a los libros sobre el tema de los Ángeles. En Estados Unidos, según información emanada por la Asociación de Editores de libros, entre los libros llamados de bolsillo, de diez vendidos, cinco son de Ángeles. Según la revista Time, esta creciente fascinación, es más popular que la teología; es una revolución del espíritu en la cual, toda clase de personas están encontrando muchas razones diferentes para buscar respuestas sobre los Ángeles, por primera vez en su vida.

En Estados Unidos ya hay publicaciones periódicas dedicadas exclusivamente a los Ángeles y los seminarios o talleres sobre comunicación con los Ángeles, son cada vez más numerosos y con lleno de asistentes. De acuerdo a las encuestas, más del cincuenta por ciento cree que siente o presiente o está segura que su Ángel lo está acompañando.

Pero esta «tercera venida de los Ángeles» o «Tiempo de los Ángeles», como ellos mismos han llamado a este momento de tanto interés por el tema angélico, es un proceso que se ha venido desarrollando poco a poco... hasta ahora que es pletórico. A finales del siglo pasado la famosa polaca Madame Blavatsky, una mística de gran espiritualidad, quien recibía mensajes de maestros elevados, en sus escritos, ya dejó mucha información sobre los Ángeles.

Antes de 1930, en Estados Unidos, fue publicado el libro *Urantia*, también inspirado por maestros ascendidos, donde se explica ampliamente la realidad de Dios, los Ángeles y la creación. En la segunda guerra mundial hubo muchas manifestaciones angélicas, al mismo tiempo que en varios países de Europa, varias personas comenzaban a tener comunicaciones con los Ángeles. Hasta vencerse el temor de «van a creer que estoy loco, mejor me quedo callado». Y unas personas comunicaron a otras y así se fueron dando cuenta «no solamente me sucede a mí». Luego, siguiendo las instrucciones de los Ángeles, se comenzó a enseñar a los demás, la manera más fácil de comunicarse con nuestros hermanos angélicos.

Una prueba de la forma exitosa en que se pueden integrar los Ángeles a nuestra vida, es lo sucedido en la comunidad de Fidorm en Escocia, sobre la que ya he hablado someramente en otros de mis libros.

La Anunciación, pintada al creyón por la niña Isabella Ramírez Monagas, de ocho años de edad, sobrina de la autora de este libro.

LA CAÍDA DE LOS ÁNGELES

En realidad la caída de los Ángeles sólo existe en la imaginación de quienes quisieron encontrar una explicación al mal, y al origen del demonio o Satanás, y en medio de largas y exhaustivas reuniones de años y años, concilios tras concilios entre los siglos tercero y sexto de nuestra era, al fin, el papa tuvo «la genial idea» de decretar que el demonio o Satanás o Belzebub, había sido un ángel que se rebeló contra Dios y por eso se convirtió en el adalid del mal.

En ninguna parte de los rollos hasta ahora encontrados, que en conjunto constituyen los libros que integran la Biblia, dice que los Ángeles se hayan rebelado a su creador, o que el demonio fue primero ángel y luego castigado por Dios por haberse rebelado. La explicación completa sobre este particular, la trae el libro *Nueva Forma de Comunicación con los Ángeles*, escrito por Luz Stella Rozo.

La palabra «Belzebub» viene del vocablo hebreo «Ba al Zebub», el que a su vez, se refiere al tan nombrado en la Biblia, dios Baal, a quien tantas veces los israelitas adoraron cuando cayeron en la idolatría.

Veamos quien era Baal: era adorado por los filisteos de Accarón. No era un dios abstracto, sino más bien un oráculo. El nombre de Belzebub, se le daba también a un dios que se invocaba en la mañana para ahuyentar las moscas que venían a la carne de los animales que habían sido sacrificados a los dioses. Luego, se le dio el nombre o la connotación de dios de las moscas. Los griegos de la antigua Olimpia, también invocaban a Júpiter para que ahuyentara a las moscas. Le decían Júpiter Apomyios (Júpiter sacamoscas o espantamoscas).

La misión del dios Beel Zebub, era librar a los creyentes de las picaduras de los moscos y mosquitos, para lo cual, llevaban colgados amuletos. Esto quiere decir que en la mitología filistea, este era el trabajo de este dios, al igual que en otras mitologías los dioses tenían su propia tarea. Ejemplo el dios del trueno, el del mar, de la caza, etc. Costumbre que ha trascendido a la iglesia católica romana, cuyos denominados santos, son especies de dioses menores. Unos son protectores de los choferes, otros de los navegantes, otros curan los ojos, otros las heridas, etc.

En el antiguo libro IV de los Reyes, actual libro II de los Reyes, capítulo primero, es mencionado Baal Zebub o Belzebub. Estando enfermo el rey Ochozías envió mensajeros a consultar a este dios-oráculo sobre su salud. «*Entonces el Ángel de Jehová habló a Elías Thisbita, diciéndole: levántate y sube a encontrarte con los mensajeros del rey de Samaria y les dirás: ¿no hay Dios en Israel, que vosotros vais a consultar a Baalzabub, dios de Ecron? Por tanto así ha dicho Jehová: del lecho en que subiste, no descenderás, antes morirás ciertamente*».

En el libro de Samuel, capítulo 6, se menciona que el rey David decide llevar el Arca de la Alianza a Jerusalén, para lo cual, en compañía de una gran cantidad de hombres, va hasta Baal de Judea, donde se encontraba el Arca, a buscarla para transportarla en gran procesión a la capital del reino. En esa época, se le decía Baal a una ciudad, un lugar y también indicaba el jefe de algo. Por eso, tal como lo describo en el capítulo de José, sus hermanos le decían «Baal de sueños».

Desde entonces, quienes han leído la Biblia, sobre todo los estudiosos de dicho libro, han visto en Belzebub, al enemigo de Dios, al antagónico de Dios. De allí derivó este nombre como sinónimo no de un dios de una lejana cultura, sino del mal. El rey del mal, el enemigo del Dios de nuestra cultura judea-cristiana, el rey de todos los espíritus malignos. O sea: descubrieron una forma de llamar al mal.

Belzebub también es nombrado en el nuevo testamento en Mateo 12, en Marcos 3 y en Lucas 11, cuando los fariseos al ver que Jesús echa los demonios, dicen que lo hace en nombre de Belzebub, el rey de los demonios, refiriéndose a Baalzabub, el dios de las moscas. Repito: pero en ningún momento se dice que este rey de las moscas o demonio, sea un Ángel caído.

Hay una gran contradicción en esto de los «Ángeles caídos». Por una parte los teólogos están totalmente de acuerdo en que los ángeles o mensajeros de Dios, fueron hechos por Dios para su servicio directo, exclusivo, Sus mensajeros, embajadores, para que le adorasen y ministrasen por toda una eternidad. Los hizo espíritus puros de gran inteligencia, para los cuales no existe la noción de tiempo que tenemos los humanos. Para ellos todo es presente. En ese presente pueden ver el pasado y el futuro. Si ven o saben el futuro, ¿cómo se van a rebelar, si están viendo el castigo que según la iglesia católica sufren los transgresores angélicos?

Según los teólogos, los Ángeles no tienen libre albedrío y en eso se diferencian de los humanos. Si no tienen libre albedrío, ¿cómo pudieron rebelarse? Hay que ponerse a pensar con inteligencia, qué significa, qué quiere decir «libre albedrío». Su traducción a palabras entendibles es según la enciclopedia: libertad de elección y el poder intrínseco (íntimo, esencial, propio) que el alma humana tiene de tomar una resolución o determinación. En primer lugar hay que hacer hincapié en que dice «el alma humana». Esto quiere decir que de todos los seres creados por Dios, somos los únicos que tenemos libre albedrío. Entonces: si los Ángeles no tienen su voluntad gobernada por su razón, ni por sus apetitos (que no los tienen), ni por sus antojos, ni por sus caprichos, ni por su inteligencia, si no tienen libertad de elección, si no tienen el poder de tomar o no tomar una resolución o determinación, ¿cómo pudieron rebelarse contra quien los creó programados únicamente para servirle y adorarle? Esa suposición carece de lógica. Es tan carente de lógica como la discusión que llevó a los genios, los grandes pensadores, los sabios doctores de la iglesia católica a enfrascarse en el problema de dilucidar cuántos ángeles podrían caber parados en la punta de un alfiler. ¿Puede haber una polémica, investigación o estudio más idiota que este?

Los Ángeles cuando han sido preguntados sobre la supuesta rebelión, se han mostrado enfáticos en decir que jamás uno de ellos se ha rebelado contra su creador. Que la política que quiso fijar la iglesia sobre el mal y sus consecuencias, fue errada y que eso debe corregirse, entre otras cosas que también ameritan corrección.

Por otra parte, si Dios es tan magnánimo, justo, padre misericordioso, padre amantísimo, todo caridad, bondad, justicia y todas las demás cualidades que pensemos y que por lo tanto debe tener Dios, ¿cómo es posible que a la vez sea tan malo, tan perverso, tan cruel, con la mayor de todas las crueldades, con mente pervertida, dañada, refinada en el mal, solazándose en el sufrimiento, buscar el peor de todos los suplicios, de todos los sufrimientos, etc., condenando a alguien a padecer el peor de todos los tormentos: el que no se acaba jamás. Porque cuando en la vida terrenal están torturando a alguien, como por ejemplo en la época de la inquisición, cuando la iglesia católica sometía sin piedad y refinada crueldad a los peores vejámenes y sufrimientos a una pobre víctima, esa persona tenía al menos la esperanza de que la muerte la salvaría del suplicio. La muerte sería un descanso. Pero no, las mentes enfermizas de algunos, no permite que

Dios dé descanso a quien cayó en desgracia y condenan a las víctimas a los peores tormentos por una eternidad.

Solamente en esto, ya vemos el divorcio existente en las dos personalidades que nos ofrecen de Dios. O no es el mismo Dios, o quien o quienes lo inventaron para consumo masivo y lo pintan así, están mintiendo. Porque no se puede ser al mismo tiempo el más bueno y el más malo. Porque al «ejercer» uno de estos dos papeles se está contradiciendo con el otro. Es la polaridad del otro.

En esta época o momento de gran espiritualidad, los que buscamos la luz, encontramos una gran cantidad de respuestas que nos son inspiradas por Dios y Sus Ángeles, así como los maestros. Una de las leyes que nos están recordando constantemente, es la de causa y efecto, y la otra es la de la ley de la polaridad. En estas dos leyes podemos incluir lo que estamos tratando. No hay infierno, ni purgatorio. Nosotros mismos somos nuestros jueces y nosotros mismos nos castigamos y sufrimos lo que nos corresponde pagar por nuestras culpas, cometidas en una u otra vida. Y serán pagadas en una u otra vida. Y el mal, no es obra de un demonio creado por Dios específicamente para tentarnos, para hacernos faltar al Creador. El mal es una creación del hombre. Antes de que existiera el hombre, no había mal, ni había miseria, ni había crímenes, ni había robos, ni existía la pobreza. Todas esas cosas, son creaciones del hombre, como producto de su libre albedrío. El hombre mismo hace el bien y también hace el mal. Porque los fenómenos destructores o destructivos de la naturaleza, no son mal. Son parte de la cadena ecológica, o del mal uso que ha hecho el humano en detrimento del equilibrio de la naturaleza.

Pero la gente ignorante en su gran mayoría, analfabeta, de los primeros siglos del cristianismo, no estaba en condiciones de entender esto: y tuvieron que inventarles cuentos creíbles y digeribles para su nivel de conciencia. Uno de ellos es el limbo a donde nos enseñaron que irían los niños no bautizados. Es un sitio de profunda oscuridad, de donde no saldrían jamás. Menos mal que desde 1992, cuando salió publicado el Nuevo Catecismo de la Iglesia Católica, ya no van los niños de las otras religiones a ese horrible lugar, porque en este catecismo dicen que no existe. El limbo existía como dogma de fe, hasta que salió el citado libro de la imprenta. Ahora es dogma de fe no creer en él. Confío en que la próxima edición reivindique otros «dogmas de fe»

El mal es la polaridad del bien. Es el otro lado de la moneda. Si la moneda no tuviera lo que se llama cara o anverso, no podría tener lo que se llama sello o reverso. Si no hubiera día, no podría haber noche. En otras palabras: si no existiera la oscuridad, no habría luz, o al menos no la comprenderíamos o sabríamos entender. Si no hubiera dulce, no sabríamos cuando estamos comiendo algo salado o ácido. Si no hubiera agua. No sabríamos lo que es seco. Y así, todas las polaridades. Si no hubiera mal, no sabríamos lo que es el bien. Porque el mal es la contraparte, o contrapeso, o el reverso que hace destacar el bien.

¿Porqué echarle la culpa del mal a los Ángeles de Dios? Antes por el contrario, todos los Ángeles de Dios, dentro del servicio que prestan a Dios, tienen como obligación ayudarnos a ser cada día mejores, a encontrar la luz y podamos dar a nuestros hermanos humanos. Por lo tanto, debemos acercarnos sin temor, con confianza, sin pena o vergüenza de molestar, porque como el placer más grande que tienen los Ángeles es servir a Dios, les proporcionamos esa alegría cuando nos ayudan, porque así están cumpliendo con el trabajo que les ha sido encomendado por el Creador.

A una pregunta al respecto, contestaron. Cuando tenemos la oportunidad de ayudar a un humano, nos proporcionan felicidad porque así servimos a Dios. Pero no es cierto que ascendemos en categoría por servicio prestado. Desde un principio y por toda la eternidad, tenemos la categoría que nos ha sido dada y no ascendemos o descendemos de categoría. No tenemos apetitos o ansiedades de superarnos o evolucionar porque no nos es posible. Lo único que nos es posible, es ser felices sirviendo a Dios en el lugar en que nos ha colocado, cumpliendo a cabalidad con la responsabilidad que nos ha encomendado. Y nuestra única recompensa es servir a Dios.

«Yo Jesús he enviado mi Ángel para daros
testimonio de estas cosas en las iglesias.
Yo soy la raíz y el linaje de David, la estrella
resplandeciente y de la mañana».

(Apocalipsis 22: 16).

LECTURAS RECOMENDADAS

Dos Palabras Sobre el Exorcismo, Imprenta San Antonio de las Hermanitas de los Pobres, Caracas.

El Nuevo Catecismo, 1992

Enciclopedia Britanica.

Enciclopedia Espalsa-Calpe, S.A.

La Biblia, Antigua versión de Casiodoro de Reina, 1569. Editada por La Palabra de Dios para una nueva era.

La Sagrada Biblia, edición Latinoamericana, Ediciones Paulinas.

Letania y Testimonio de los Ángeles Custodios, sacerdote anónimo (impreso por la curia colombiana).

ANDERSON, Joan Wester: **Where Angels Walk.** Verdaderas historias de visitantes celestes.

ANGÉLICA, Sor María: **Los Hijos de Dios y Nuestra Señora de los Ángeles.**

BURNHAN, Sophy: **A Book of Angel** (El Libro de los Ángeles).

CAFÉ, Sonia: **Meditando con los Ángeles.**

CORDERO, Monseñor Omar R.: **Nuestros Amigos los Ángeles.** Ediciones Paulinas, Caracas, Venezuela.

DANIEL, Alma; RAMER, Andrew; WILLIE, Timothy: **Ask Your Angels.**

EADIA, Betty J.: **Embraced by the Light.**

GRAHAM, Willy: **Ángeles.**

GOWIN, Malcom: **Ángeles. Una Especie en Extinción.**

MACLEAN, Dorothy: **Comunicación con los Ángeles y los Devas.**

ROZO Z., Luz Stella: **Decretos de Prosperidad.** Ediciones Giluz, Caracas, Venezuela.

ROZO Z., Luz Stella: **Decretos de Salud.** Ediciones Giluz, Caracas, Venezuela.

ROZO Z., Luz Stella: **El Oráculo de los Ángeles.** Ediciones Giluz, Caracas, Venezuela.

ROZO Z., Luz Stella: **La Felicidad.** Ediciones Giluz, Caracas, Venezuela.

ROZO Z., Luz Stella: **Los Ángeles a Través de la Biblia.** Ediciones Giluz, Caracas, Venezuela.

ROZO Z., Luz Stella: **Los Ángeles de la Navidad.** Ediciones Giluz,

Caracas, Venezuela.

ROZO Z., Luz Stella: **Los Ángeles de la Prosperidad, La Abundancia y El Suministro**. Ediciones Giluz, Caracas, Venezuela.

ROZO Z., Luz Stella: **Nueva Forma de Comunicación con los Ángeles** (libro y cassette). Ediciones Giluz, Caracas, Venezuela.

ROZO Z., Luz Stella: **Un Decreto Para Cada Día**. Ediciones Giluz, Caracas, Venezuela.

TAYLOR, Terry Lynn: **Answers from the Angels**.

TAYLOR, Terry Lynn: **Messengers of Light** (Mensajeros de Luz).

AMANTES DE LOS ÁNGELES

Si deseas tener comunicación o mayor información sobre los Ángeles, sus recientes comunicaciones y mensajes, puedes dirigirte a las siguientes direcciones:

Alma Daniel, una de los tres autores del libro "Ask Your Angels". Dicta clases sobre comunicaciones con los Ángeles y demás temas de desarrollo espiritual. Eldorado, 300 Central Park West, New York. N.Y 10024, Estados Unidos de América.

Angel Collector Club of America. 16342 W, 54th Avenue, Golden, CO 80403, Estados Unidos de América.

Angel Watch Newsletter, A clearinghouse for Angel information. P.O. Box 1362, Mountside, NJ 07092, Estados Unidos de América.

Kenneth S. Cohen, conferencias y seminarios. P.O. Box 234, Netherland (Holanda), CO. 80466.

Marilynn´s Angels, un negocio dedicado a la venta de productos relacionados con los Ángeles. 275 Celeste, Riverside, CA 92507, Estados Unidos de América.

Mamre Press, catálogos sobre libros de Ángeles. 107 Second Avenue, Murfreesboro, TN 37130, Estados Unidos de América.

Opus Sanctorum Angelorum (Trabajo con los Santos Ángeles), una organización católica que trabaja alrededor del mundo explicando y promoviendo la devoción a los Ángeles: Marian Center (Centro Mariano). 134 Golden Gate Avenue, San Francisco, CA 94102, Estados Unidos de América.

Roseann Cervelli, ella es un "canal" de los Ángeles. 221 April Drive, Martinsville, NJ 08836, Estados Unidos de América.

Rosemary Gardner Loveday. Poppy Cottage, 2 Chapel Row, Huthfield near Ashford, Kent TN25 4LP, Inglaterra.

ACERCA DE LA AUTORA

Luz Stella Rozo, escribió durante cinco años una columna semanal en el diario El Universal de la capital venezolana titulada *El Poder Mental*, la que se publicaba los domingos en la sección de Sociales. Igualmente otra columna titulada *Felicidad,* en el diario El Mundo, en la misma ciudad.

Los temas tratados en estos dos encuentros semanales, le han conquistado un numeroso público que la sigue con entusiasmo en todo lo que escribe ya que se ha hecho muy popular por su estilo llano, sencillo y sin rebuscamientos, así como por los bellos mensajes que entrega a sus lectores.

Sus columnas han sido tan exitosas, que de una de ellas, publicó un libro igualmente, exitoso, titulado *La Felicidad*. Su gran amor por los Ángeles y su entusiasmo por propagar su presencia en Venezuela y en los países de habla hispana, la llevó a escribir muchos artículos sobre este tema, así como a ser invitada frecuente en programas de radio y televisión. Su libro *Nueva Forma de Comunicación con los Ángeles*, es un taller que se complementa con un juego de 6 cassettes grabados por ella en un estudio profesional. Este taller, se imparte casi todos los fines de semana tanto en Caracas, como en el interior del país. Quienes deseen tener información sobre el mismo, pueden llamar a la editorial o al teléfono (02) 285-52-46.

Después de *El Oráculo de los Ángeles*, vino un libro que despejó muchas dudas sobre los textos bíblicos donde aparecen los Ángeles, titulado *Los Ángeles a Través de la Biblia*. Todos con un éxito de ventas extraordinario, llegándose a convertir la autora en un auténtico fenómeno de ventas. Igualmente interesante por el tema jamás tratado antes, es *Los Ángeles de la Navidad*.

Luz Estela Rozo de Zubillaga, está recopilando material sobre milagros alcanzados por la intersección de los Ángeles ante Dios. Favor dirigir la correspondencia al Apartado 52.113. Sabana Grande, Caracas, Venezuela.

E-mail: luzestel@eldish.net

Otras publicaciones:

Cassettes que complementan estas publicaciones:

Cedeño, Rubén	*Curación*
	Decretos del Fuego Violeta
	Decretos del "Yo Soy" Para la Opulencia
	Esto Es Para Ti
	Los Siete Rayos
	La Metafísica
	Mantrams
	Prosperidad
	Protección
	Shamballa
García, Juan Carlos	*El Misterio Humano*
	Meditaciones Diarias, Vol. I y II
	Meditaciones en la Luz
	No Pierdas La Magia
	*Suite Ramakrishna**
López V., Antonio	*La Verdadera Relajación Profunda*
	Usted es Mas Grande de lo Que Cree
Rozo, Luz Stella	*Meditaciones y Decretos de Prosperidad, Abundancia y Suministro*
	Nueva Forma de Comunicación con los Ángeles (6 cassettes)
Rozo, Nelly	*Meditando con los Ángeles*
	OHM, Palabra Sagrada

(* En Preparación)

Índice

Este libro se terminó de imprimir
en los talleres de
Publicidad Gráfica León, S.R.L.
en el mes de noviembre de 1999
Teléfonos 575.01.98 – 571.65.24
Caracas, Venezuela